ERINNERE DICH
ORTE UNSERER GESCHICHTE

DEUTSCHLAND BIBLIOTHEK
BAND 5

ERINNERE DICH

ORTE UNSERER GESCHICHTE

AUSGEWÄHLT UND PORTRÄTIERT
VON VOLKER GEBHARDT
FOTOGRAFIERT
VON HORST UND DANIEL ZIELSKE

DEUTSCHLAND BIBLIOTHEK

ERBE, VIELFALT UND
SCHÖNHEIT UNSERES LANDES

KNESEBECK

Inhalt

Einleitung

»Orte unserer Geschichte« aus dem kontinuierlichen Strom historischer Abläufe herauszugreifen und geografisch zu fixieren, ist ein mutiges, in einem Buch mit 29 Kapiteln fast unmögliches Unterfangen. Ich möchte nicht ausführlich die schwierige Auswahl begründen, sondern ergänzende Orte unserer Geschichte, die auch eine genauere Beschreibung und fotografische Illustration verdient hätten, zumindest in der Einleitung in Erinnerung rufen.

Auf die Aufnahme von Artefakten der Vor- und Frühgeschichte Germaniens wurde bewusst verzichtet, wenngleich auch Anmerkungen zu den Hünengräbern Norddeutschlands, den Pfahlbauten von Unteruhldingen am Bodensee, zur Himmelsscheibe von Nebra oder dem Goldenen Hut von Schifferstadt interessant gewesen wären.

Wesentliche Orte der mittelalterlichen Geschichte sind bereits in dem Band »Staune und erkenne« zu den Kirchen Deutschlands in der Deutschland Bibliothek vorgestellt worden. Selbstverständlich hätten sonst die Domkirchen von Aachen, Speyer, Mainz und Trier auch einen Platz in diesem Buch erhalten. Als weitere Orte der mittelalterlichen Geschichte wären zusätzlich zum hier präsentierten Goslar eine Reihe von bedeutenden Kaiserpfalzen zu nennen, etwa Ingelheim, Bad Wimpfen oder Gelnhausen; die Wartburg steht stellvertretend für die zahlreich erhaltenen Burgen Deutschlands, die eine überregionale Bedeutung hatten, beispielsweise der Trifels im Pfälzerwald als zeitweiliger Aufbewahrungsort der Reichskleinodien.

Im Übergang zur frühen Neuzeit wird die Geschichte Mitteleuropas noch komplexer. Die Regionalstaaten fühlten sich nur noch locker dem

Heiligen Römischen Reich deutscher Nation verbunden. Luthers Reformation trieb einen zusätzlichen Keil in die zersplitterte Landkarte. Zahlreiche deutsche Reichs- und Residenzstädte könnten hier stellvertretend in ihrer Vielfalt und unter Einbezug der Querbeziehungen zur Handels-, Wirtschafts-, Sozial- und Religionsgeschichte beschrieben werden.

Im sogenannten Dreißigjährigen Krieg von 1618 bis 1648 brachen die Spannungen mit großer Gewalt nochmals auf. Zu den innenpolitischen Verwicklungen im Reich kamen handfeste Interessen der Nachbarländer, die von der Unruhe im Reich profitieren wollten. An mehreren Orten wäre ein Nachdenken über diese Ereignisse möglich, so auf den Schlachtfeldern bei Nördlingen oder Breitenfeld; in Wittstock an der Dosse erinnert heute ein instruktives Museum an die dortige Schlacht zwischen Schweden und kaiserlichen Truppen 1636.

Deutschlands historische Leistung im Verlauf des 18. Jahrhunderts ist weniger in geschichtlichen Ereignissen, Entscheidungen oder Abläufen zu messen als auf dem Feld der Kulturgeschichte. Die Werke der Philosophie, Dichtung und Musik vom Barock in die Klassik sind kaum von »unserer Geschichte« abzutrennen – im Gegenteil: Sie wirken als herausragende Leistungen nach und haben international den Ruhm Deutschlands als Ort innovativer wie bleibender kultureller Errungenschaften gefestigt. In dem Band »Lies und höre – Orte der Dichtung und Musik« der Deutschland Bibliothek sind sie dargestellt und deshalb ausgenommen.

Für das 19. Jahrhundert wurden wesentliche »Orte unserer Geschichte« so weitgehend kanonisiert, dass die Auswahl leichtfiel: von den Befreiungskriegen, der Burschenschaftsbewegung, dem Vormärz, der ersten Nationalversammlung in der Frankfurter Paulskirche bis zu den großen Nationaldenkmälern des Wilhelminismus. Letztere sind weniger wegen des konkreten Ereignisses oder der Person interessant, die sie feiern, sondern als übersteigerte Monumente zur Festigung und trotzigen Überhöhung einer noch allzu jungen Nation.

Die Zeit der nationalsozialistischen Diktatur von 1933 bis 1945 ist gewiss die dunkelste Periode der deutschen Geschichte. Es gehört zum breiten gesellschaftlichen Konsens, das Andenken an diese Zeit mit Gedenkstätten zu pflegen. Alleine mit diesen »Orten unserer Geschichte«

hätte sich der Band füllen lassen – er wäre aber ein anderes und auch ein sehr dunkles Buch geworden.

Dies gilt ebenfalls für die Zeit nach 1945. Hier habe ich mich bemüht, nicht nur die tragischen Aspekte der deutschen Teilung zu beleuchten, sondern auch Ausblicke in unsere demokratische Gegenwart aufzuzeigen. Auf eine Aufrechnung der Geschichtsorte der DDR gegenüber denjenigen der Bundesrepublik wurde bewusst verzichtet. Letztendlich ist entscheidend, dass Deutschland in seiner Gesamtheit bis 1989 zwar unter dem Kalten Krieg gelitten hat, aber keinen wirklichen Krieg auf seinem Boden mehr erleiden musste. Dies ist ein großes Geschenk für uns alle – und der kritische Blick auf die »Orte unserer (komplizierten wie komplexen) Geschichte« mag vielleicht auch dabei helfen, dieses Geschenk als Chance für die Zukunft noch besser zu verstehen.

Volker Gebhardt

Das Herz der deutschen Demokratie

DER BUNDESTAG IM BERLINER REICHSTAG

Die Verhüllung des Berliner Reichstags durch das amerikanische Künstlerpaar Christo & Jeanne-Claude war weit mehr als ein künstlerischer Akt. Eine lange Phase der Diskussion lag hinter den Künstlern und der bundesdeutschen Öffentlichkeit, als schließlich vom 24. Juni bis zum 7. Juli 1995 die mattsilbernen Stoffbahnen das riesige Gebäude verdeckten. Besser gesagt: entdeckten, denn der dem Blick mit den Mitteln der Kunst entzogene Reichstag war plötzlich zu einem für die ganze Welt attraktiven Motiv geworden. Die Bilder fröhlicher Menschen, die auf den Wiesen um den Reichstag lagerten, Musik machten, über das Projekt diskutierten oder einfach nur die Wirkungen des Tages- und Nachtlichts genossen, ließen den Bau seltsam entrückt erscheinen. Mit dieser fröhlichen und friedlichen, dabei höchst ästhetischen Kunstaktion wurde die bis dahin problematische Geschichte des Gebäudes gewissermaßen exorziert und dieses für seine neue Bestimmung als Sitz des demokratischen Bundestags vorbereitet.

Man darf nicht vergessen, dass die Grundsteinlegung des Reichstagsgebäudes 1884 ein militärisch dominierter Akt kaiserlicher Gnade gewesen war. Nach dem Motto: Wenn es schon sein muss, dann wenigstens prächtig, entwarf Wallot einen Koloss im Neorenaissancestil, der das Stadtschloss und den Dom um einen weiteren imperialen Prunkbau ergänzte – und dies weit

BAU DES BERLINER REICHSTAGS-GEBÄUDES

1884–1894

ARCHITEKT

PAUL WALLOT

REICHSTAGSBRAND

28. FEBRUAR 1933

ERNEUERUNG DES INNEREN

PAUL BAUMGARTEN 1961–1971

UMGESTALTUNG VOR DEM UMZUG DES BUNDESTAGS

SIR NORMAN FOSTER

1995–1999

GESAMTHÖHE MIT GLASKUPPEL

47 METER

ERSTE PLENARSITZUNG

19. APRIL 1999

EINGANGSDOPPELSEITE, LINKS
Die 1999 vollendete Umgestaltung
des Reichstagsgebäudes durch
Sir Norman Foster schuf eine der
beliebtesten Touristenattraktio-
nen des neuen Berlin: Die Spiral-
rampe in der gläsernen Kuppel
ermöglicht nicht nur einen Tief-
blick in den Plenarsaal des Bundestags; sie eröffnet zugleich schöne
Ausblicke auf das Zentrum der
Bundeshauptstadt.

VORHERIGE DOPPELSEITE
Blick auf das Reichstagsgebäude
von der Südostseite. Das Band
der Lichter der PKWs und Busse
markiert genau die Position der
ehemaligen »Mauer« als Grenze
zu Ostberlin. Links am Rand ist
das Bundeskanzleramt zu erken-
nen.

entfernt von der eigentlichen Machtzentrale rund um den Schlossplatz. Kaiser Wilhelm II. passte es überhaupt nicht, dass die Kuppel des Reichstags diejenige des Schlosses um einige Meter überragte; er sprach despektierlich von der »Reichsaffenkammer«, die hier tagte.

Nach den stürmischen Debatten der Weimarer Republik war der Reichstagsbrand am 28. Februar 1933 ein Menetekel für die Demokratie in Deutschland. Der Plenarsaal und angrenzende Räume brannten aus und wurden bis 1961 nicht wieder aufgebaut. Die Nationalsozialisten nutzten den nie restlos geklärten Brand als Vorwand, um Kommunisten zu jagen, zu ermorden oder in die Konzentrationslager zu verschleppen. Der Brand bedeutete das Ende der freiheitlichen Grundrechte einer fragilen Demokratie. Für Hitler waren die Zerstörungen ein willkommener Anlass, die vormalige Rolle des Parlaments zu verhöhnen. Er beließ den Bau, wie er war, und hielt seine Hetzreden vor ausgewählten Claqueuren gegenüber in der als Parlamentsgebäude der Nationalsozialisten umgestalteten Krolloper, deren Reste nach dem Krieg abgetragen wurden. Vor diesem Hintergrund kann man es als Ironie der Geschichte bezeichnen, dass den Sowjets das Bild eines Sowjetsoldaten, der am 30. April 1945 das rote Banner auf dem Dach des ohnehin ruinösen Reichstags hisste, so ungemein wichtig war, dass es einige Tage später für das berühmte Foto von Jewgeni Chaldejs nachgestellt wurde. Warum gerade ein Bild vom Reichstag die endgültige Einnahme Berlins symbolisierte und nicht etwa eines von der Reichskanzlei als politischem Zentrum Nazideutschlands, ist kaum zu verstehen.

Nach 1945 hatte das Gebäude lange keine Funktion, denn der triumphale Gestus der Architektur entsprach nicht mehr den Anfordernissen einer modernen, bürgernahen Demokratie. Zudem hatte das Vier-Mächte-Abkommen Plenarsitzungen des Bundestags im von Paul Baumgarten nüchtern wiederhergestellten Inneren für unzulässig erklärt.

Am 20. Juni 1991 fasste der Bundestag in Bonn mit knapper Mehrheit den Beschluss: »Sitz des Deutschen Bundestages ist Berlin«. In den Folgejahren wurde ein komplexer Architektenwettbewerb durchgeführt, der nach einem komplizierten Hin und Her, Kuppel ja oder nein, schließlich im überarbeiteten Entwurf Sir Norman Fosters Gestalt annahm. Die Angst vor dem vermeintlich vordemokratischen Hoheitssymbol der Kuppel erwies sich als unbegründet. Die mit einer Spiraltreppe begehbare Konstruktion wurde nach der Realisierung nicht nur zu einem neuen Wahrzeichen Berlins, sondern mit dem hellen, von oben einsehbaren Plenarsaal darunter auch zu einem Symbol der Berliner Republik des wiedervereinigten Deutschlands.

Die vielseitigen Auftragswerke der Kunst im Inneren vertreten denselben Anspruch. Ob im Einzelfall geglückt, muss jeder für sich selbst entscheiden, wenn er die Möglichkeit erhält, den Reichstag im Rahmen einer Führung zu besuchen. Vielseitig sind die Kunstwerke in jedem Fall, auch in der Kontrastierung der verschiedenen Stile der Kunst der 1990er-Jahre eindrucksvoll, etwa die Gegenüberstellung des Farbentableaus von Gerhard Richter, das die Deutschlandfahne hintersinnig monumentalisiert, mit den ironisch gefärbten mythischen Szenen deutscher Geschichte von Sigmar Polke gegenüber. Dass die in Kunst wie Architektur demonstrierte Offenheit und Selbstreflexion der bundesrepublikanischen Gesellschaft kein selbstverständliches Gut ist, hat sich im Herbst 2010 gezeigt, als die Gefährdung durch den internationalen Terrorismus auch den Reichstag erreichte. Der Zugang in das auf Offenheit angelegte Gebäude wird seitdem restriktiv eingeschränkt.

Das Band der Demokratie

Der Umzug der Bundesregierung und des Parlaments erforderte die Ausgestaltung eines neuen Regierungsviertels, für das Axel Schultes und Charlotte Frank 1992 einen überzeugenden Masterplan vorlegten: Im »Band des Bundes« reihen sich nördlich des Reichstags die Neubauten des Kanzleramts, dann östlich das Paul-Löbe-Haus (Abgeordnetenbüros und Ausschussräume) und auf der anderen Seite der Spree noch das Marie-Elisabeth-Lüders-Haus (Parlamentsbibliothek und -archiv) – beide von Stephan Braunfels gestaltet – in eine Achse von über 900 Metern Länge ein. Es entstand eine Architektur von hoher Symbolsprache, weil das Band den Verlauf der Berliner Mauer überspringt und somit den Westen und Osten Berlins verklammert. Mag man das Kanzleramt vielleicht als etwas zu mächtig und kompakt geraten kritisieren, wird die Architektursprache im Osten leichter und luftiger. Besonders schön ist die Passage an der Spree, wo grazile Brücken die Gebäude verbinden und sich schöne Schrägblicke zum Reichstag ergeben.

Symbol der deutschen Teilung und des Kalten Krieges

DIE BERLINER MAUER

Die Berliner Mauer steht stellvertretend für den Kalten Krieg und die Tragödie der deutschen Teilung. In der Nacht des 13. August 1961 wurde das Sperrwerk um 1.00 Uhr zunächst mit Hilfe von Stacheldraht und Panzerblockaden eingerichtet. Bereits wenige Tage später begann der eigentliche Mauerbau, den Walter Ulbricht noch am 15. Juni 1961 als Fantasiegespinst von sich gewiesen hatte.

Die ambivalenten Reaktionen der Alliierten, die wohl zu Recht einen Kriegsausbruch fürchteten, wenn sie zu hart kritisierten, der Schock der Berliner und die dramatischen Fluchtversuche in den folgenden Tagen und Jahren beschreiben das wohl traurigste Kapitel der deutschen Geschichte nach 1945. Mehr als 5.000 Bewohnern Ostberlins gelang die Flucht, teilweise auf abenteuerlichen Wegen, in Kofferräumen und durch mühsam gegrabene Tunnelbauwerke. Mindestens 136 Menschen wurden bei Fluchtversuchen erschossen. Als am 5. Februar 1989 Chris Gueffroy Opfer der Todesschützen wurde, war der internationale Aufschrei endlich so laut, dass die DDR-Führung beschloss, den Schießbefehl Anfang April 1989 aufzuheben. Zu diesem Zeitpunkt konnte noch niemand voraussehen, dass die Macht der DDR-Führung bereits wenige Monate später dramatisch erodieren würde. Die sich überschlagenden Ereignisse in den Staaten des Warschauer Paktes führten

BEGINN DER ABSPERRUNG VON WEST- UND OSTBERLIN

13. AUGUST 1961, 1.00 UHR NACHTS ERRICHTUNG DER MAUER IN VIER BAUPHASEN BIS IN DIE 1970ER-JAHRE

GESAMTLÄNGE

CA. 160 KILOMETER, DAVON INNERSTÄDTISCH CA. 44 KILOMETER

VERBAUTE BETONSEGMENTE

45.000 STÜCK MIT EINEM GESAMTGEWICHT VON 122.000 TONNEN

9. NOVEMBER 1989, ABEND

MAUERÖFFNUNG. DANACH DEMONTAGE DER MAUER BIS ENDE 1990

in Verbindung mit der friedlichen Revolution in der DDR selbst schließlich zur Implosion der staatlichen Gewalt: Der Abend des Mauerfalls am 9. November war der Abschluss einer komplexen politischen wie sozioökonomischen Entwicklung im ehemaligen Ostblock, deren zentrifugale Kräfte kaum voraussehbare Wirkungen hatten.

Die Ereignisse überschlugen sich auch im Folgejahr, als nach mehreren vertraglichen Zwischenschritten am 3. Oktober 1999 formal die offizielle Wiedervereinigung beschlossen wurde. Wer in diesem Jahr nach dem Mauerfall das Grenzbauwerk selber als erhaltungswürdiges Denkmal schützen wollte, fand kaum Unterstützung. Zunächst veränderten »Mauerspechte« und Künstler die 45.000 Betonsegmente auf ihre Weise. Dann wurden die in den 1970er-Jahren entstandenen Mauerstücke zügig abgebaut. Zum Teil wurden die zerkleinerten Reste für den Straßenbau und für Gebäudefundamente genutzt; Teile wurden interessierten Institutionen im In- und Ausland überlassen und Bruchstücke als Souvenir der deutschen Wiedervereinigung verkauft. Die Mauer verschwand rasend schnell aus dem Berliner Stadtbild. Bereits im November 1999 war der Rückbau der Grenzanlagen weitestgehend abgeschlossen.

Bei allem Verständnis für den Slogan »Die Mauer muss weg«: In den 1990er-Jahren wurde es zunehmend schwer, sich diesen Ort der deutschen Geschichte und seine Eingriffe in das Leben und Stadtbild Berlins vor Augen zu führen. Ein 1.300 Meter langes Stück der Hinterlandmauer an der Spree gestalteten Künstler zur sogenannten East Side Gallery farbenfroh um, verharmlosten damit jedoch den aggressiven Grundcharakter des Bollwerks. Der ehemalige Diplomaten- und Alliiertenübergang Checkpoint Charlie wurde zu einem privatwirtschaftlich geführten Disneyland der Teilung mit einem kulissenhaften Kontrollpavillon, um den mit Beton verfüllte Sandsäcke Grenzstimmung suggerieren sollen. Das einzig Stimmige am marktschreierischen Checkpoint Charlie ist die Fotoinstallation Frank Thiels von 1998, der großformatige Porträts eines russischen und amerikanischen Soldaten in die jeweils feindliche Richtung der Friedrichstraße blicken lässt. Sehr viel eindrücklicher sind die an anderen Orten der Stadt realisierten Konzepte, bei denen verschieden gestaltete Streifen im Straßenbelag den Verlauf der Mauer in Erinnerung halten – beispielsweise am Reichstag.

Ein Brennpunkt innerstädtischer Konflikte wird seit 1997 sukzessive zur zentralen »Gedenkstätte Berliner Mauer« ausgebaut: der Abschnitt der ehemaligen Grenzbefestigung an der Bernauer Straße, die traditionell die Stadtbezirke Wedding und Mitte trennte. Diese Zone machte die Absurdität und Tragik der Mauer in ganz besonderer Weise deutlich: Bis zum Abriss bildeten Mietshäuser die Grenze, und die Versöhnungskirche stand bis zu ihrer späten Sprengung 1985 mitten im Sperrstreifen. In den ersten Tagen nach Absperrung der Sektorengrenzen spielten sich hier dramati-

ГОСПОДИ! ПОМ

СРЕДИ ЭТОЙ

ARTIST DMITRY VRUBEL
SSIST. BY VIKTORIA TIMOFEEVA
TP:// DMITRIVRUBEL.LIVEJOURNAL.COM

MEIN GOTT, HILF MIR, DIES

sche Fluchtszenen ab: Menschen sprangen aus den Fenstern in den West-teil der Stadt oder gruben später Fluchttunnel. Bereits vor dem Mauerfall 1989 gehörte ein Besuch der Aussichtsplattform an der Bernauer Straße zu den obligaten Stopps einer Stadtrundfahrt im Berliner Westen.

Bestandteil der Gedenkstätte sind ein neu eingerichtetes Besucher-sowie ein didaktisch gut präsentiertes Dokumentationszentrum. Der zen-trale Ort des Gedenkens an die Mauer als Ort deutscher Geschichte ist ein 160 Meter langer Streifen, der aus Betonsegmenten des beim letzten Aus-bau in den 1970er-Jahren verwandten Typs VL 12.41, Höhe 3,60 Meter, Ge-wicht 2,75 Tonnen, besteht. Die Architekten Kohlhoff & Kohlhoff haben den dahinterliegenden Todesstreifen mit zwei Stahlwänden zu einem Recht-eck geschlossen. Das Mauerstück mit dem Hinterraum wirkt so hermetisch, unzugänglich, bedrohlich wie denkmalhaft – eine glückliche Lösung, weil hier an der viel befahrenen Bernauer Straße ein Gedenkraum unter freiem Himmel geglückt ist. Über dem Chor der abgerissenen Versöhnungskirche entstand bis 2000 die »Kapelle der Versöhnung«. Diverse Gedenkorte auf dem Freigelände entlang des Sophienfriedhofs halten die Erinnerung an die Opfer wach. Bis zum Jahr 2012 wird das Gelände mit verschiedenen the-matischen Schwerpunkten bis an den Mauerpark erweitert werden.

GEGENÜBER Blick von der Aus-sichtsplattform auf die Berliner Mauer, den angrenzenden Todes-streifen und die Hintermauer an der Bernauer Straße. Hier be-kommt der Besucher den besten Eindruck von der Gesamtanlage der Grenzbefestigungen, auch in Zusammenhang mit der Doku-mentation der Gedenkstätte. Der Blick geht über den Sophien-friedhof bis weit nach Berlin-Mitte. Im Hintergrund ist der Fernseh-turm am Alexanderplatz zu erken-nen.

Gedenkstätten an der innerdeutschen Grenze

Der Grenzübergang Marienborn war der frequentierteste Übergang an der innerdeutschen Grenze bis zur Aufhebung der Grenzkontrollen am 30. Juni 1990. Mehr als 1.000 Menschen waren hier beschäftigt, um den Übergang zu sichern und die Kontrollen durchzuführen und zu verwalten. Ein weit ins Hinterland gestaffeltes Sperrsystem sowie umfangreiche Abfertigungsanlagen entstan-den 1972 bis 1974 auf der DDR-Seite. Nach dem Ende der deutschen Teilung wurde die Auto-bahn rasch neu angelegt, die Grenzkontrollstelle aber wurde in bedeutenden Teilen als »Gedenk-stätte Deutsche Teilung Marienborn« 1996 eingeweiht und in den Folgejahren ständig erweitert.

Rosinenbomber in heikler Mission

DIE BERLINER LUFTBRÜCKE

Das Berliner Luftbrückendenkmal vor dem endgültig 2008 geschlossenen Flughafen Tempelhof erinnert an eine der großen logistischen Hilfsaktionen des 20. Jahrhunderts, zugleich aber auch an ein erstes einschneidendes Ereignis des Kalten Krieges: die Berlin-Blockade 1948 bis 1949. Die drei herausgehobenen Strahlen des Betonmonuments symbolisieren die beteiligten Westalliierten: USA, Großbritannien und Frankreich; der kühne Schwung des Denkmals steht für die zu Hochzeiten der Luftbrücke im Dreiminutentakt eintreffenden Flugzeuge mit ihren Hilfsgütern.

Die Berlin-Blockade war die überraschende Reaktion der Sowjets im Verlauf des Kräftemessens der ehemaligen Weltkriegsverbündeten, bei dem mit der einseitigen Ausrufung einer Währungsreform durch die Westalliierten im Juni 1948 nur ein letzter Anlass geliefert wurde. Der Konflikt war mit der komplizierten Aufteilung der Stadt Berlin als städtischer Insel in der sowjetischen Besatzungszone vorprogrammiert. Weil die Landzugänge nach Berlin im Potsdamer Abkommen von 1945 nicht ausdrücklich gesichert waren, war die Stadt nur noch über die drei vertraglich bestimmten Flugkorridore zu erreichen. Die Antwort der von der Blockade überrumpelten Amerikaner erfolgte schnell und konsequent, denn hier ging es um eine politische Kernfrage: Sollte man Berlin den Sowjets überlassen oder den

BERLIN-BLOCKADE
24. JUNI 1948–12. MAI 1949
BEENDIGUNG DER LUFTBRÜCKE
27. AUGUST 1949
FLÜGE INSGESAMT
277.569
EINGEFLOGENE FRACHT
2.325.509 TONNEN HILFSGÜTER
TODESFÄLLE WÄHREND DER LUFTBRÜCKE
83
LUFTBRÜCKENDENKMAL
1951 VON EDUARD LUDWIG

EINGANGSDOPPELSEITE, LINKS
Vor dem ehemaligen Flughafen-
gebäude Tempelhof erinnert das
Denkmal von Eduard Ludwig seit
1951 an die Berliner Luftbrücke
von 1948/49, das bis zum Mauerbau 1961 einschneidendste Ereignis der Stadtgeschichte nach
dem Zweiten Weltkrieg.
VORHERIGE DOPPELSEITE Blick in
den Hauptraum des Zentralflug-
hafens Tempelhof vor der Schließung 2008. Für die zivile Nutzung
wurden Check-in-Schalter eingebaut, selbst ein Gepäckband für
Inlandsflüge war in der Halle untergebracht. Trotz aller Veränderungen der Nachkriegszeit dominiert
noch immer die repräsentative
Architektur Ernst Sagebiels, der
diesen ästhetisch wie funktional
akzeptablen nationalsozialistischen
Staatsbau geplant hatte.

Brückenkopf Richtung Osten in jedem Fall halten? Humanitäre Überlegungen waren deshalb wohl auch zweitrangig, als Lucius D. Clay die Luftbrücke
initiierte und den kompetenten General William H. Tenner das gigantische
Unternehmen mit seiner Airlift Task Force organisieren ließ. Zunächst
musste die Versorgung mit Brenn- und Kraftstoffen sowie Medikamenten
und Lebensmitteln gesichert werden, ohne die das noch in Ruinen liegende
Westberlin nicht existieren konnte.

Für die Westberliner Bevölkerung änderte sich mit der Luftbrücke das
Verhältnis zu den Alliierten: Bis dahin als Besatzer wahrgenommen, wur-
den diese nun als Lebensretter und Freunde geschätzt. Als schließlich der
Pilot Gail Halvorsen beim Landeanflug nach Tempelhof kleine Taschentuch-
fallschirme mit Süßigkeiten aus dem Cockpit warf, war die Legende der
»Rosinenbomber« geboren.

Die Luftbrücke wurde straff organisiert; nur so konnten die Flüge mit
Maschinen des Typs DC3 oder DC4 sowie die Ent- und Beladung in extrem
kurzen Taktzeiten abgewickelt werden. In den Luftkorridoren gab es ein
Einbahnflugsystem: Vom Süden und Norden Deutschlands ging es nach
Berlin, im mittleren Korridor auf fünf Flugebenen wieder zurück. In der
Nacht vom 15. auf den 16. April landeten 1.398 Flugzeuge in Berlin. Im fran-
zösischen Sektor war in Tegel zudem eine Landebahn in Rekordzeit gebaut
worden, Flugzeuge nutzten auch den britischen Stützpunkt in Gatow; selbst
Wasserflugzeuge kamen, von Hamburg-Finkenwerder startend, auf den Seen
Westberlins mit Hilfsgütern zur Landung.

Zentraler Ort der Luftbrücke war allerdings der Flughafen Tempelhof.
Im Krieg nur teilzerstört, wurde der zentrale Passagierflughafen der Weimarer Republik und Nazideutschlands von den Amerikanern als Air Base
übernommen. Das 1936 bis 1941 von Ernst Sagebiel errichtete Abfertigungs-
gebäude hatte die neue axiale Ausrichtung der Reichshauptstadt in der Planung Albert Speers nach Süden abschließen sollen. Der Flughafen Tempelhof war seinerzeit nicht nur das größte Luftdrehkreuz Europas, das Gebäude blieb bis zum Bau des Pentagon in Washington das größte Nutzbau-
werk weltweit. Allein die bogenförmig ausschwingenden Terminals im Norden und Süden haben eine Länge von mehr als 1.200 Metern. Hätten die
kurzen Startbahnen und die innerstädtische Lage dies nicht verhindert,

könnten heute auch große Düsenjets an den weiträumigen Gates spielend abgefertigt werden. Für den Flughafenbau blieb die repräsentative Architektur Tempelhofs in ihrer Funktionalität über Jahrzehnte vorbildlich. Die politischen Implikationen des Baus im Sinne der nationalsozialistischen Herrschaftsideologie einmal ausgeklammert, gehört die über vierzig Meter gespannte stählerne Dachkonstruktion der Flugfeldseite zu den elegantesten Konstruktionen der Architektur der ersten Hälfte des 20. Jahrhunderts.

Dieser bedeutende Ort der Luftfahrts- wie Nachkriegsgeschichte steht heute vor einem Neuanfang. Nach der umstrittenen Schließung 2008 haben Berliner Bürger die riesige Freifläche des Flugfelds für sich entdeckt. Joggingstrecken wurden angelegt, im Winter ziehen Langläufer ihre Runden – und dies alles direkt am südlichen Rand von Schöneberg, Kreuzberg und Neukölln! Das gigantische Gebäude verschließt sich einer einseitigen Nutzung, und so werden verschiedene Konzepte diskutiert. Ein Sakrileg wäre es allerdings, die spektakuläre Vorfeldhalle mit neuen Einbauten zu möblieren, ginge hier doch eines der großen Denkmäler der deutschen Geschichte wie Architektur unrettbar verloren.

Gebäude des Nationalsozialismus im Zentrum Berlins

Weil den Nationalsozialisten von 1933 bis zum Kriegsausbruch 1939 nur wenige Jahre zur Verfügung standen, hält sich der realisierte Anteil der Umgestaltung Berlins nach den Plänen Albert Speers in Grenzen. An der Wilhelmstraße in Mitte errichtete der Architekt des Tempelhofer Flughafens, Ernst Sagebiel, ab 1935 das riesige Bürogebäude des Reichsluftfahrtministeriums, das mit seinen charakteristischen Querriegeln das Gebiet vom Potsdamer Platz Richtung Unter den Linden prägt (heute als Detlev-Rohwedder-Haus Sitz des Bundesministeriums der Finanzen). Weitere Großbauten in der Nähe, am prominentesten Hitlers Reichskanzlei, wurden abgetragen. Ob die roten Marmorplatten in der U-Bahn-Station Mohrenstraße aus den Ruinen der Reichskanzlei geborgen und 1951 hier verbaut wurden, ist umstritten.

In der Nähe des Schlossplatzes, direkt am Spreeufer, weist der Neubau der ehemaligen Reichsbank (ab 1940) als zweiter Monumentalbau in Mitte mit seinen Pfeilern und Fensterreihen ebenfalls alle Merkmale nationalsozialistischer Herrschaftsarchitektur auf.

IHR TRUGT
DIE SCHANDE NICHT
IHR WEHRTET EUCH
IHR GABT
DAS GROSSE
EWIG WACHE
ZEICHEN DER UMKEHR

Unvergessen: Gedenken an die Opfer und die Täter

ORTE DES WIDERSTANDS 1933 BIS 1945 IN BERLIN

Wer sich mit der Geschichte des Nationalsozialismus auseinandersetzt, wird in Berlin und Umgebung auf zahlreiche, vorbildlich gestaltete Gedenkstätten treffen, die an den Naziterror und den Widerstand gegen die Gewaltherrschaft erinnern. Hinzu kommen fast beiläufige Begegnungen mit dem Grauen, wenn der Passant etwa an der Schöneberger Hauptstraße durch die Barockkolonnaden Gontards auf das ehemalige Kammergericht schaut, das in der Nachkriegszeit den Alliierten Kontrollrat beherbergte. Eine Granittafel weist darauf hin, dass hier ab 1944 der Volksgerichtshof tagte und Roland Freisler in Schauprozessen mehr als 89 Todesurteile nach dem 20. Juli 1944 aussprach. Filmmitschnitte, die diese Prozesse festhalten, gehören zu den perfidesten und widerwärtigsten Bilddokumenten des Naziunrechts und der Mörderjustiz. Roland Freisler konnte nach der Befreiung Berlins nicht zur Rechenschaft gezogen werden: Er wurde am 3. Februar 1945 bei einem Bombenangriff auf dem Weg in den Keller des Gerichts von einem Balken erschlagen, die Akte des Angeklagten Fabian von Schlabrendorff in der Hand, der so überlebte.

Die Gedenkstätte Plötzensee wirkt auf den Besucher auch deshalb so beklemmend, weil das Gefängnis aus dem 19. Jahrhundert noch heute als Jugendjustizvollzugsanstalt genutzt wird. Durch einen einfach, aber würdig

BAU DES GEFÄNGNISSES BERLIN-PLÖTZENSEE

1868–1879

HINRICHTUNGEN 1933–1945

2.891

EINRICHTUNG ALS GEDENK-STÄTTE

1951/52 DURCH BRUNO GRIMMEK

BENDLERBLOCK, BERLIN-TIER-GARTEN, STAUFFENBERGSTRASSE

GEBÄUDE ERRICHTET IN MEHRE-REN ETAPPEN AB 1911, IM ZWEITEN WELTKRIEG U.A. GENUTZT FÜR DAS OBERKOM-MANDO DES HEERES

EINRICHTUNG ALS GEDENK-STÄTTE AN DEN 20. JULI 1944

1968, ERWEITERT 1989

Im Innenhof des Bendlerblocks
erinnert ein schlichtes Mahnmal an
die Toten des Widerstands, insbesondere an die hier in der Nacht
vom 20. auf den 21. Juli 1944
Erschossenen. Richard Scheibe gestaltete 1952 die Bronze des jungen Mannes, Edwin Redslob erin-
nerte mit einem als Bronzetafel
gefassten Gedicht an die Freiheits-
kämpfer rund um Claus Schenk
von Stauffenberg.
VORHERIGE DOPPELSEITE Am 20.
Juli wird die Hinrichtungsstätte im
Gefängnis Plötzensee alljährlich
festlich geschmückt in Erinnerung
an die vielen hier ermordeten
Opfer der nationalsozialistischen
Justiz. An den übrigen Tagen ist
der kahle Raum mit dem Balken
und den Haken in seiner kalten
Trostlosigkeit und Stille womöglich
noch eindrucksvoller erlebbar.

gestalteten Hof kann der im hinteren Teil erhaltene ehemalige Hinrich-
tungsraum betreten werden. Hier wurden von 1933 bis 1945 fast 3.000
Todesurteile vollstreckt. Es ist der zentrale Ort der Erinnerung an die Un-
rechtsjustiz der Nazizeit. Bis 1936 wurde im Hof mit dem Handbeil gerichtet, danach stellte man auf Anweisung Hitlers eine Guillotine im Hinrich-
tungsraum auf, die aber nach einem Bombenangriff funktionsunfähig war.
Ende 1942 wurde der Stahlbalken eingezogen und an diesem Hinrichtungen durch Erhängen an acht Haken (von denen fünf noch an Ort und Stelle
sind) vollzogen.

Hier starben Menschen, denen Defätismus oder Plünderungen vorge-
worfen wurden; Kommunisten; fast 700 tschechische Widerstandskämpfer.
Hitler, dem die Todesmaschinerie zu langsam arbeitete, sorgte persönlich
dafür, dass die Urteile ohne Möglichkeit eines Einspruchs oder einer Revision innerhalb weniger Tage vollstreckt wurden. Nach dieser Verschärfung
der ohnehin nie rechtsstaatlich zustande gekommenen Todesurteile war
eine neue Phase des Justizterrors erreicht. Bei den »Plötzenseer Blutnäch-
ten« wurden allein in der Nacht vom 7. auf den 8. September 1943 186 Menschen erhängt.

Für viele Besucher ist das Gedenken an die hier ermordeten Widerstandskämpfer der Grund, den Raum und die kleine Ausstellung nebenan aufzusuchen. Hier wurden bekannte Mitglieder von Widerstandsbewegungen wie
der »Europäischen Union«, der »Roten Kapelle« sowie 89 Personen aus dem
Umkreis des Umsturzversuchs am 20. Juli 1944 hingerichtet.

Weil man hier fassungslos vor einem fast leeren Raum steht, ist Plötzensee ein Erinnerungsort von besonderer Intensität. Der Charakter der
zentralen Gedenkstätte im Bendlerblock südlich des Tiergartens ist dagegen ein ganz anderer. Hier spielten sich die dramatischen Stunden nach
dem misslungenen Attentat Claus Schenk von Stauffenbergs und seiner
Mitverschwörer ab. Als sich bereits in der Nacht vom 20. auf den 21. Juli
1944 zeigte, dass die »Operation Walküre« nicht zum Sturz Hitlers führen
würde, wendete sich das Blatt in allerkürzester Zeit. Generaloberst von
Beck wählte den Freitod, Stauffenberg wurde mit drei weiteren Putschisten
nach kurzem Standgericht im Hof erschossen. Die Stelle ist heute als Mahnmal viel besucht und obligater Anlaufpunkt eines intensiveren Berlinpro-

gramms für Touristen wie Staatsgäste. Bereits 1953 enthüllte Ernst Reuter hier das bronzene Ehrenmal eines Mannes mit gebundenen Händen; Erich Reusch gestaltete den Ehrenhof 1980 in schlichter Form würdig um. Irritierend ist allerdings, dass das weitläufige Gebäude des ehemaligen Oberkommandos der Wehrmacht heute in Teilen vom Bundesministerium der Verteidigung genutzt wird und auf der Rückseite die nicht umstrittenen Vereidigungen und der Große Zapfenstreich abgehalten werden. Diese Kontinuität einer, neutral ausgedrückt, mit dem Militär verbundenen Nutzung befremdet viele Gäste. Trotzdem: Die vorbildliche Dauerausstellung in den originalen Arbeitsräumen der Widerstandskämpfer und Offiziere im zweiten Stock ist die umfassendste Präsentation zum Thema »Widerstand gegen den Nationalsozialismus« in Deutschland.

Topographie des Terrors

Mitten im Zentrum Berlins befanden sich die Schaltzentralen des Naziterrors: Geheimes Staatspolizeiamt, Reichsführung-SS sowie während des Zweiten Weltkriegs das Reichssicherheitshauptamt. Die Gebäude an der Niederkirchner Straße (ehemals Prinz-Albrecht-Straße) und Wilhelmstraße sind bis auf die teilweise gekachelten Kellerräume abgetragen. Diese wurden teils als Gefängnis, teils für Folterungen genutzt und begrenzen wie offene Wunden das von Heinz W. Hallmann gestaltete Areal nach Norden. Der Eindruck historischer Dichte ist hier besonders intensiv, weil die Berliner Mauer das Gelände direkt abschließt und dahinter der ehemalige Preußische Landtag (heute Sitz des Bundesrats) sowie das ehemalige Reichsluftfahrtministerium Görings (heute Finanzministerium) sichtbar sind. Nach endlosen Querelen und erfolglosen Wettbewerben wurde im Mai 2010 das neue Dokumentationszentrum nach Plänen von Ursula Wilms eröffnet. In diesem zurückhaltenden, hellen Bau gibt es eine umfangreiche Dauerausstellung zur Organisation des Naziterrors sowie Sonderausstellungen.

Am Verhandlungstisch der Siegermächte

SCHLOSS CECILIENHOF UND DIE POTSDAMER KONFERENZ 1945

Nach einer Fahrt durch die bewaldete Moränenlandschaft von Berlin-Wannsee aus ist mit dem Schloss Glienicke der Zugang zum preußischen Arkadien erreicht, das als Potsdamer Garten- und Schlösserlandschaft des 18. und 19. Jahrhunderts in Europa seinesgleichen sucht. Weit schweift der Blick über die Seen und die Havel südlich in die Potsdamer Innenstadt und zum Schloss und Park Babelsberg hinüber; nach Norden begrenzt die Heilandskirche von Sacrow den Blick. Die Glienicker Brücke überspannt die Havel. Die alte Steinbrücke Schinkels musste 1907 einer Eisenkonstruktion weichen, weil für die Schifffahrt zum neuen Teltow-Kanal eine höhere Durchfahrt notwendig wurde. In den fast vierzig Jahren der deutschen Teilung verlief in der Brückenmitte die Grenze, und nur zu besonderen Gelegenheiten öffnete sich der Schlagbaum in den Sperranlagen: Die Glienicker Brücke wurde berühmt durch den Austausch von Agenten. Die Legenden beeindrucken allerdings mehr als die tatsächliche Zahl der Übergaben an dieser Stelle. Lediglich drei Mal kam es zu größeren Aktionen, die einem sorgfältig komponierten Ritual folgten.

Heute bietet sich ein Spaziergang von der Brücke zum Neuen Garten an. Dieser zwischen Jungfernsee und Heiligem See von König Friedrich Wilhelm II. am Ende des 18. Jahrhunderts angelegte Park ist mit dem

NEUBAU DER GLIENICKER BRÜCKE
1907
ORT DES AGENTENAUSTAUSCHS
1962, 1985 UND 1986
ÖFFNUNG DER GLIENICKER BRÜCKE
10. NOVEMBER 1989
BAUHERREN SCHLOSS CECILIENHOF
PRINZ WILHELM VON PREUSSEN UND SEINE FRAU PRINZESSIN CECILIE
ARCHITEKT
PAUL SCHULTZE-NAUMBURG
1913–1917
ORT DER »POTSDAMER KONFERENZ«
17. JULI–2. AUGUST 1945

EINGANGSDOPPELSEITE, LINKS,
UND VORHERIGE DOPPELSEITE
Die heutige Glienicker Brücke ist
bereits das vierte Bauwerk zur
Überquerung der Havel an dieser
Stelle. Von 1905 bis 1907 wurde
sie geplant. Die wilhelminischen Kolonnaden auf der Potsdamer
Seite sind Zitate des dortigen,
heute im Wiederaufbau befindli-
chen barocken Stadtschlosses.
Bekannt wurde das Brückenbau-
werk allerdings vor allem als ein
Ort des Agentenaustausches in
der Zeit des Kalten Krieges. Für
die Potsdamer oder Westberliner
war sie nach 1961 kein offizieller
Grenzübergang.

GEGENÜBER Wenn Schloss Cecilienhof bei einem Rundgang durch
den Neuen Garten ins Blickfeld
gerät, fühlt sich der Besucher
unweigerlich ins elisabethanische
England des 16. Jahrhunderts
zurückversetzt. Der Architekt des
letzten, neu errichteten preußischen Schlosses in Potsdam gestaltete den Bau auf Wunsch von
Kronprinz Wilhelm in diesem Stil.
Innen sind die Räume allerdings
mit allen technischen Mitteln der
Zeit um 1915 ausgestattet. Meist
wird das Schloss wegen seiner
historischen Bedeutung als Ort
der »Potsdamer Konferenz« 1945
besucht.

prominenten Marmorpalais einen Besuch wert. Hinter den Buchen versteckt sich im Nordteil aber noch ein ganz besonderer Ort der deutschen
Geschichte: Hier ließ Prinz Wilhelm von Preußen für sich und seine
Gemahlin Prinzessin Cecilie von Mecklenburg-Schwerin mitten im Ersten
Weltkrieg einen Palast bauen. Es war die letzte Baustelle des Kaiserreichs
überhaupt. Cecilienhof wirkt eher wie eine ins Großformat überführte Villa
im Stil der elisa-bethanischen Renaissance Englands aus dem 16. Jahrhundert. Auch sieht man dem vielfältig gegliederten Gebäude aus Haustein mit
Fachwerkaufbauten zunächst nicht seine enorme Größe an; der Palast
gruppiert sich in loser Symmetrie immerhin um fünf Innenhöfe!

Die Besonderheiten des Baus haben viel mit dem Architekten Paul
Schultze-Naumburg (1869–1949) zu tun. Er propagierte einen antimoder-
nen Heimatstil und folgte gerne dem Wunsch des Prinzen, einen Palast im
rückwärts gewandten Tudor-Stil zu bauen, wofür er mehrere Studienreisen
nach England unternahm. Die spätere Entwicklung Schultze-Naumburgs zu
einem der unangenehmsten Rassisten und Antisemiten der Weimarer
Republik steht auf einem anderen Blatt: Sein abscheuliches Buch »Kunst
und Rasse« von 1928 bereitete in der Gegenüberstellung von expressionis-
tischen Kunstwerken und Fotografien behinderter Menschen den Nazi-
Begriff der »Entarteten Kunst« frühzeitig vor. Er war es auch, der maßgeb-
lich die Schließung des Bauhauses in Dessau vorantrieb und bereits 1930
die Zerstörung der Kunstwerke Oskar Schlemmers im Weimarer Bauhaus
anordnete.

In seiner besseren Zeit als Architekt hatte er mit Cecilienhof immerhin
den von der Innenraumaufteilung und Funktionalität bequemsten und mo-
dernsten preußischen Palast errichtet. Cecilie von Preußen genoss den Ort
viele Jahre lang, bevor sie im Februar 1945 aus ihm vertrieben wurde. Erst-
klassige Konzerte in der Großen Halle versüßten ihr den Rückzug aus dem
öffentlichen Berliner Leben nach 1933.

Als die Alliierten gegen sowjetische Vorbehalte im Frühsommer 1945
auf eine Nachfolgekonferenz der Treffen von Jalta und Teheran drängten,
fiel das weitgehend zerstörte und unsichere Berlin als Ort aus. Cecilienhof
hatte den Krieg gut überstanden. Die Weiträumigkeit der Palastanlage bot
genügend Raum für Einzelbesprechungen der Delegationen; komfortable

Wohnräume konnten im ersten Stock rasch entsprechend den unterschiedlichen Bedürfnissen verändert werden. Allerdings ließ es sich Stalin nicht
nehmen, Truman und Churchill mit einem eigens angefertigten Konferenz-
tisch von über drei Metern Durchmesser zu überraschen, der heute noch als
Ort der »Potsdamer Konferenz« im museal gestalteten Erdgeschoss betrach-
tet werden kann. Auch war Schloss Cecilienhof sehr gut abzuschirmen und
zu bewachen.

Hier also sprachen die Kriegssieger Truman, Stalin und Churchill –
sowie in der Schlussphase sein Nachfolger, Prime Minister Attlee – gemeinsam mit ihren Außenministern über konkrete Maßnahmen zur Neuordnung Deutschlands, wobei den Reparationsforderungen breiter Raum ge-
währt wurde. Zudem diskutierten die Teilnehmer über die Westgrenze

Polens, den Umgang mit den Vertriebenen aus der Tschechoslowakei und den Ostgebieten, die Zukunft der Satellitenstaaten des Deutschen Reiches und Italiens sowie den Abzug aus dem Iran. Die Konferenz, die als Vorbereitung formaler Friedensverhandlungen gedacht war, drohte immer wieder zu scheitern. Das viel zitierte »Potsdamer Abkommen« war nicht mehr als ein Protokoll, heute würden wir sagen: eine Abschlusserklärung mit vielen noch offenen Punkten. Zu weiteren Verhandlungen in diesem Kreis kam es danach nicht mehr. Der beginnende Kalte Krieg warf seine Schatten voraus. Eine Zementierung der deutschen Teilung war eine der absehbaren Folgen der Tage im Potsdamer Schloss Cecilienhof.

Orte der Kultur und der Barbarei am Wannsee

Auf dem Rückweg nach Berlin können am Südufer des Großen Wannsees zwei Villen besucht werden, die wie in einem Brennspiegel die Tragödie des deutschen Judentums im 20. Jahrhundert verdeutlichen. 1909/10 ließ sich der bedeutende Maler Max Liebermann (1847–1935) von Paul Baumgarten ein wunderschönes Landhaus als Sommersitz errichten. Alfred Lichtwark, der langjährige Direktor der Hamburger Kunsthalle, unterstützte ihn bei der Anlage eines mehr als 7.000 Quadratmeter großen Stauden- und Heckengartens, der Liebermann zu mehr als 200 Gemälden inspirierte. Nur wenige Häuser weiter werden wir in einer ehemaligen Fabrikantenvilla, kurz nach dem Landhaus Liebermanns ebenfalls von Baumgarten errichtet, mit dem Grauen der Geschichte konfrontiert. Im »Haus der Wannsee-Konferenz« tagten unter dem Vorsitz von Reinhard Heydrich am 20. Januar 1942 fünfzehn Spitzenfunktionäre und konkretisierten die Deportationspläne der europäischen Juden in die Ghettos und Vernichtungslager des Ostens. Adolf Eichmann führte das Protokoll.

Die Handelsmetropole der Wikinger an der Schlei

HAITHABU UND DAS DANEWERK

Haithabu, nahe Schleswig am Ufer des Haddebyer Noor, einer Bucht der Schlei, gelegen, gilt als bedeutendste Ausgrabungsstätte der Wikingerzeit auf deutschem Boden. Die Vorstellung von wilden Männern aus dem Norden, die brandschatzten und bis weit in den Süden und Osten Europas Raubzüge mit schnellen Schiffen ausübten, hat immer wieder zu publikumswirksamen Spekulationen geführt, doch fällt es nicht leicht zu definieren, wer genau die Wikinger waren. Es gab weder einen abgrenzbaren Volksstamm dieses Namens noch eine übergreifende Herrschaftsstruktur. Selbst der Name »Víkingr« begegnet erst zu einem Zeitpunkt regelmäßig in den mittelalterlichen Chroniken, auf Runensteinen und anderen Relikten, als die große Zeit der Wikingerraubzüge lange vorbei war. »Víkingr« heißt übersetzt: »Ein Seekrieger, der sich auf langer Reise weit entfernt von der Heimat befindet«. Damit ist ein Kern des Phänomens gut beschrieben. Die aristokratisch organisierten Seeleute handelten in eigener Regie oder unter Oberhoheit der skandinavischen Könige. Eine ethnisch abgrenzbare Gruppe waren sie nicht. Im Windschatten erst des Merowingerreichs, dann der Karolinger und Ottonen nahmen die geschickten Nordmänner an den Küsten Englands, Irlands und Westeuropas alles mit, was sie ohne großen Aufwand bekommen konnten. Zimperlich waren sie dabei nicht, wenn wir

BAUBEGINN VON HAITHABU
811

UNTER HERRSCHAFT DER DEUT-
SCHEN KÖNIGE UND KAISER
934–983

ENDE DER BAUTÄTIGKEIT
UM 1020

BAU DES WIKINGER-MUSEUMS
HAITHABU
1981–1984

DANEWERK
LÄNGE DES HAUPTWALLS ETWA
30 KILOMETER, GRÖSSTES
ARCHÄOLOGISCHES DENKMAL
NORDEUROPAS

BEGINN DER BAUARBEITEN AM
BEFESTIGUNGSWALL
737, KONTINUIERLICHER
AUS-BAU BIS UM 1170 (WALDE-
MARSMAUER)

den Chronisten Glauben schenken dürfen. Die Wikinger wurden von den Hafenstädten und küstennahen Klöstern, Burgen und Kommunen als Geißel ihrer Zeit wahrgenommen.

Doch vergisst man darüber leicht, dass die Dänen und ihre Wikinger durchaus solide Kaufleute und Handelsschiffer waren. Die Dänenkönige bemühten sich, die unkontrollierte Verbreitung der Wikinger und die Überhandnahme ihrer Überfälle zu zügeln, als sie zu Beginn des 9. Jahrhunderts Haithabu anlegen und stetig vergrößern ließen. Hier entstand eine florierende Handelsniederlassung, die im Vergleich zu anderen frühmittelalterlichen Siedlungen geradezu den Charakter einer Metropole ausgestrahlt haben muss. Ein starker Wall umrahmte einen Halbkreis von etwa 600 Metern Durchmesser, in dem um die 800 Häuser standen, günstig verbunden mit Landungsstegen, die das Löschen der Waren in der ruhigen Meeresbucht ermöglichten. Drei Schiffswracks wurden bei Ausgrabungen an einem der ehemaligen Stege entdeckt und gehören heute zu den Prunkstücken des Wikinger-Museums Haithabu – darunter ein fürstliches Kriegsschiff von 28 Metern Länge, auf dem etwa sechzig Wikinger Platz fanden und das bei optimalen Verhältnissen fast fünfzehn Knoten schnell sein konnte.

In den letzten Jahren haben Mittelalterarchäologen einige Häuser des alten Haithabu nach den Befunden rekonstruiert. Es sind kleine, mit Reet gedeckte Holzhäuser, deren Wände aus verputztem Flechtwerk bestanden. Durch mühsam gewonnene Bodenproben und Gräberfunde konnte der Lebensstil der Bewohner recht gut analysiert werden, von der Kleidung über die Nahrung bis hin zu den handwerklichen Erzeugnissen und Handelsgütern. Erstaunlich ist, was hier produziert wurde: Kämme, Schmuckstücke, Glasperlen, aber auch qualitativ herausragende Eisenschwerter. Die Funde belegen, dass durch einen regen Tauschhandel Produkte selbst aus Byzanz und Ostasien hierher gelangten. Sogar eine Buddha-Statue wurde aus dem Erdreich gebuddelt. Händler kamen aus ganz Europa, um in

EINGANGSDOPPELSEITE, LINKS, UND UNTEN Die grünen Wiesen machen es schwer, sich vorzustellen, dass das gesamte Gebiet innerhalb des Erdwalls ursprünglich dicht bebaut war. Einige Häuser der frühmittelalterlichen Metropole Haithabu sind rekonstruiert worden, und so wird ein Eindruck von der Lebensweise der Wikinger vermittelt. Das Schottische Hochlandrind sorgt zusätzlich für »Wikingerflair«.
GEGENÜBER Die Prunkstücke des Museums von Haithabu sind gewiss die Überreste der Wikingerschiffe, die im Schlick des ehemaligen Hafens gefunden wurden. Ein Langschiff ist rekonstruiert worden. Es ist eine große Leistung gewesen, mit diesen relativ kleinen Schiffen im 9. und 10. Jahrhundert über das stürmische Meer bis nach Spanien und noch weiter zu fahren.

Haithabu Geschäfte zu tätigen. Für das Jahr 965 ist beispielsweise der Besuch des Arabers At-Tatushi aus dem spanischen Tortosa belegt.

Neben der günstigen Küstenlage an der geschützten Schlei hatte Haithabu noch einen weiteren, entscheidenden Vorteil: Das Land zwischen Nord- und Ostsee ist hier extrem schmal. Die Händler konnten ihre Waren, nachdem sie sie nur achtzehn Kilometer landeinwärts gebracht hatten, mit Lastkähnen über die Flüsse Treene und Eider leicht bis an die Nordseeküste verschiffen. Dort wurde das Handelsgut auf seefähige Boote umgeladen und Richtung West- und Südeuropa oder sogar bis ins Mittelmeer weitertransportiert.

Zum Schutz des befahrenen Transportwegs ließen die Dänenkönige das Danewerk aufschütten, einen mehr als dreißig Kilometer langen, mit Palisaden befestigten Damm, der ab dem 9. Jahrhundert mit mehreren zusätzlichen Schutzwällen zum größten Verteidigungswerk des nordischen Mittelalters erweitert wurde. Noch im 12. Jahrhundert baute man hier: Die Waldemarsmauer war die erste Befestigungsanlage, die aus Backstein aufgeschichtet wurde. Haithabu hatte zu diesem Zeitpunkt bereits an Bedeutung verloren. Die Bischofsstadt Schleswig übernahm seine Rolle, ohne im Verlauf des Mittelalters allerdings an die Bedeutung der Wikingerstadt als internationaler Handelsplatz anknüpfen zu können. Der Schwerpunkt des Ost- und Nordseehandels verschob sich zugunsten der Hansestädte, allen voran Lübecks. Erstaunlich genug bleibt, dass die Wikinger in Haithabu bereits Jahrhunderte früher die Grundlagen für einen internationalen Warenaustausch gelegt hatten, den die hanseatischen Kaufleute ab 1200 nur noch perfektionierten.

GEGENÜBER Obgleich überwiegend entziffert, gehören Runensteine zu den geheimnisvollen Relikten der nordeuropäischen Kunst. Die schönsten Stücke sind wohl auf Gotland gefunden worden, aber auch in Haithabu werden Beispiele gezeigt.

Entdeckungen am Danewerk

Das Danewerk kann über weite Strecken westlich von Schleswig im Gelände ausgemacht werden. Ideal ist eine Fahrt mit dem Fahrrad entlang der Wallanlagen in der herrlichen Landschaft Schleswig-Holsteins. Erst 2010 wurde mit der Wiglesdor der wohl einzige, ebenfalls befestigte Tordurchlass entdeckt. Im Dörfchen Dannewerk informiert ein kleines Museum über die gewaltige, mindestens drei Meter dicke Mauer, die sich wie ein Lindwurm durchs Land schlängelt.

Andenken an den »eisernen Kanzler«

OTTO VON BISMARCK IN UND UM HAMBURG

Kaiser Wilhelm II. hatte seine Probleme mit der Hansestadt Hamburg. Diese galt ihm nicht zu Unrecht als Hort sozialistischer Umtriebe, die Hamburger Kaufleute waren ihm suspekt; und schließlich hatte sich sein ehemaliger Reichskanzler Fürst Otto von Bismarck (1815–1898) nach der unfreundlichen Entlassung aus dem Amt 1890 nach Friedrichsruh in den Sachsenwald vor den Toren Hamburgs zurückgezogen. Dieser kommentierte von dort aus über sein Sprachrohr, die »Hamburger Nachrichten«, recht unverblümt und kritisch die Entwicklungen im Reich und ließ vor allem an seinem Nachfolger, dem Reichskanzler Caprivi, kein gutes Haar. Bismarck hatte wie kein anderer die Politik Deutschlands in der zweiten Hälfte des 19. Jahrhunderts bestimmt, und sein öffentliches Ansehen war groß. Die heutige, differenziertere Sicht auf sein Wirken offenbart, selbst stichwortartig wiedergegeben, die Janusköpfigkeit einer Machtpolitik, mit der er als Reichskanzler von adeliger Abstammung symbiotisch mit Wilhelm I. verbunden war: Deutsch-Österreichischer Krieg 1866, Emser Depesche, Reichsgründung 1871, Sozialgesetzgebung, Kulturkampf gegen die katholische Kirche und Sozialistengesetze – konservative und fortschrittliche Tendenzen hielten sich in seinem Handeln die Waage, wenn es aus seiner Sicht dem Wohl des Reichs zugutekam.

SCHLOSS FRIEDRICHSRUH

ALTERSRUHESITZ FÜRST OTTO VON BISMARCKS 1890–1898

ZERSTÖRUNG

1945

OTTO-VON-BISMARCK-STIFTUNG IM EHEM. BAHNHOF FRIEDRICHS-RUH

BISMARCK-DENKMAL HAMBURG

BAUZEIT 1903–1906

ARCHITEKT DES SOCKELS

EMIL SCHAUDT

BILDHAUER DER FIGUR

HUGO LEDERER

EINGANGSDOPPELSEITE, LINKS

Von allen deutschen Denkmälern Bismarcks ist das Hamburger das monumentalste und gleichzeitig das künstlerisch ambitionierteste. Hugo Lederer zeigt den ehemaligen Reichskanzler in der Pose eines mittelalterlichen Ordensritters, wobei Anklänge an die Rolandfiguren vor den hanseatischen Rathäusern spürbar sind. Der blockhafte Umriss und die summarische Behandlung der Details sind ganz auf Fernwirkung angelegt. Noch heute wacht der steinerne Bismarck majestätisch über dem geschäftigen Treiben des Hamburger Hafens.

Seinen Rauswurf 1890 kommentierte der englische »Punch« mit der berühmten Karikatur, die in deutscher Übersetzung etwas unscharf, aber treffend mit »Der Lotse geht von Bord« übersetzt und sprichwörtlich wurde. Kritische Intellektuelle wie Theodor Fontane hatten erkannt, dass der Kanzler seine besten Zeiten hinter sich hatte. Bismarck wiederum gab seinem Monarchen prophetische Worte mit auf den Weg: »Der Kaiser wird immer ein dummer Junge bleiben.« Bereits zuvor hatte Bismarck sein Verhältnis zu Wilhelm II. treffend charakterisiert: »Ich bin der dicke Schatten, der zwischen ihm und der Ruhmessonne steht.«

Fürst Bismarck wohnte im Sachsenwald in einem erweiterten ehemaligen Gasthof. Wenn man den alten Fotografien trauen darf, war Schloss Friedrichsruh ein villenartiges Gebäude eher großbürgerlichen Zuschnitts, ohne allzu viel Stilwillen im Sinne großer Architektur. 1945 wurde es von den Briten bei einem Luftangriff zerstört, weil man hier – zu Unrecht – den SS-Führer Heinrich Himmler vermutete. Auch die eigene Grabkapelle ist ein recht merkwürdiger und zeitgebundener Bau, vorsichtig ausgedrückt: eine kleine Kirche im Stil der gründerzeitlichen Neoromanik mit überhöhter Kuppelkapelle. Hier ruht der Fürst gemeinsam mit seiner ihm zeit seines Lebens unspektakulär, skandalfrei und liebevoll verbundenen Gattin Johanna von Puttkamer. Bismarcks Sarg nimmt formal Bezug auf die Hohenstaufengräber in Palermo und ist wie die Architektur ein deutlicher Hinweis auf die gewünschte Kontinuität vom Heiligen Römischen Reich zum Kaiserreich von 1871, an dessen Grundlegung der Reichskanzler intensiv mitgewirkt hatte.

Heute ist im ehemaligen Bahnhof von Friedrichsruh die Otto-von-Bismarck-Stiftung untergebracht, die sich wissenschaftlich um das Lebenswerk des großen Mannes kümmert. Das angeschlossene Bismarck-Museum zeigt Dokumente, Erinnerungsstücke und Möbel aus dem persönlichen Besitz Bismarcks, aber auch eine Ikone der deutschen Historienmalerei als Zweitfassung: Anton von Werners berühmtes Ölbild der »Kaiserproklamation in Versailles 1870« (1877).

Die Hamburger köderten Kaiser Wilhelm II. nach Bismarcks Tod auf ihre Weise, um das gespannte Verhältnis zu verbessern. Der Reeder Albert Ballin erkannte instinktiv das Interesse des Monarchen an der Schifffahrt.

Wilhelm liebte es, sich bei Schiffstaufen in Szene zu setzen; das Schiff konnte nicht groß genug für den Kaiser sein. Und sie setzten ein großes Monument für seinen Großvater, Kaiser Wilhelm I., direkt vor ihr prächtiges Neorenaissance-Rathaus. Später wanderte es allerdings in die Wallanlagen.

Ob Wilhelm II. das berühmte Bismarck-Denkmal in Hamburg gefiel, möchte man bezweifeln. Öffentlich kommentierte er es nie, auch wenn er im Hafen in Sichtweite seine Galaauftritte wahrnahm. Das unweit der Landungsbrücken im alten Elbpark auf einer Anhöhe mit einer Gesamthöhe von über 34 Metern monumental aufragende Standbild zeigt den geschassten Reichskanzler als neuen deutschen Roland, das Schwert fest in den Boden gestemmt, von zwei Adlern begleitet und unten am Sockel von den germanischen Stämmen umringt – und dies alles in einer Formensprache, die als modern verstanden wurde. All dies musste dem Kaiser missfallen. Als das Bismarck-Denkmal von Hugo Lederer und Emil Schaudt 1906 eingeweiht wurde, hatte die Verehrung Bismarcks in Deutschland einen ersten Höhepunkt erreicht. Der »eiserne Kanzler« galt als Schmied des Deutschen Reiches. Kaiser Wilhelm war auf diesem Auge blind, musste mit der posthumen Begeisterung für Bismarck aber nolens volens im Sinne der Einheit von Reich und Vaterland leben.

Das größte Konzentrationslager im Norden Deutschlands

Gar nicht weit vom romantischen Sachsenwald entfernt liegt im Marschengebiet der Vierlande unweit der Elbe die Mahn- und Gedenkstätte des Konzentrationslagers Neuengamme. Über 100.000 Häftlinge waren hier von 1940 bis 1945 interniert und im Klinkerwerk wie in der Rüstungsproduktion sowie in 86 Außenstellen des Lagers zur Zwangsarbeit eingeteilt, über 40.000 Menschen überlebten das Lager nicht. Die vorbildlichen Ausstellungen auf dem Gelände konnten nach langer Zeit des Vergessens erst 2005 eingeweiht werden, weil das weitläufige Areal zunächst von den Briten, später dann viele Jahre als Gefängnis genutzt wurde.

Ausdruck hanseatischen Bürgerstolzes

DAS LÜNEBURGER RATHAUS

Zu Unrecht findet die alte Hansestadt Lüneburg oft nur wenig Beachtung. Bei Nennung ihres Namens denken viele eher an die gleichnamige Heide als an eine der schönsten Altstädte des Nordens. Mit über 1.300 denkmalgeschützten Häusern, drei kapitalen Hauptkirchen und Klöstern und einem romantischen historischen Hafenviertel an der Ilmenau gehört Lüneburg zu den schönsten und bedeutendsten Stadtensembles Deutschlands. Im Gegensatz zu Bremen, Hamburg, Rostock oder selbst Lübeck versank Lüneburg allerdings ab dem 17. Jahrhundert in einen Dornröschenschlaf. Der Grund hierfür war, dass die Stadt über keinen offenen Seehafen verfügte, sich in den vorangegangenen Jahrhunderten aber vor allem ausschließlich auf eine Handelsware konzentriert hatte: Salz, das »weiße Gold« des Mittelalters, bescherte Lüneburg im 14. und 15. Jahrhundert großen Reichtum. Zur Blütezeit wurden jährlich an die 20.000 Tonnen des begehrten Konservierungsmittels nach Norden an die Küste transportiert, nach Lübeck und Hamburg. Lüneburg spielte im Tauschgeschäft des hanseatischen Handelsbündnisses eine entscheidende Rolle, denn mit dem Salz wurden in Südschweden, auf Gotland und in Bergen die Heringe eingelegt und haltbar gemacht. Und dieser Fisch – man kann es sich heute kaum noch vorstellen – war ein in ganz Europa begehrtes Nahrungsmittel in der

Fastenzeit. In über fünfzig Siedereien kochten die Sülfmeister die nur wenig unter dem Lüneburger Altstadtniveau gewonnene, sehr reine und konzentrierte Sole auf, um das kristalline Speisesalz zu gewinnen.

Die Hanse war ein bestens funktionierender Wirtschaftsverbund, der mit den Koggen einen idealen Schiffstyp standardisierte, die Handelswege zu Wasser und zu Lande sicherte und vor allem an Rechtssicherheit interessiert war. Das lübische Recht gehörte zu den ausgefeiltesten Kodifizierungen und war im ganzen Ostseeraum verbreitet. Einheitliches Recht erleichterte den Handel ungemein, die Zugehörigkeit einer Hansestadt zu einem bestimmten Landesherrn war hier beinahe zweitrangig.

Im Lüneburger Rathaus konzentrierte sich die Macht der Freien Reichs-stadt und hanseatischen Handelsstadt: Handel, Recht und Stadtherrschaft wurden hier koordiniert. Bereits im 14. Jahrhundert konnten die Bürger Lüneburgs die Herren des Herzogtums Braunschweig-Lüneburg vertreiben. Deren Burg brannten sie kurzerhand nieder. Dafür schmückten sie in der Folgezeit ihr eigenes Rathaus prächtig aus. Die noch komplett erhaltene Inneneinrichtung des Kommunalpalastes ist einzigartig in Mitteleuropa. Auch wenn dies hinter der nicht besonders originellen, im 18. Jahrhundert vorgeblendeten Fassade zum Marktplatz hin nicht unbedingt zu vermuten ist – allein das Niedergericht mit seiner Darstellung des »Jüngsten Gerichts« lässt das Alter des Gebäudes erahnen. Ein Spaziergang um das Gebäude zeigt bereits die vielgestaltigen Raumteile der Spätgotik und Renaissance.

Im Inneren folgt ein Höhepunkt auf den anderen. Die repräsentative Treppe zum ersten Stock schlägt mit ihrem Figurenschmuck bereits das wichtige Thema der »Justitia« an, der für das Wohlergehen von Handel und

Wandel unabdingbaren Rechtssicherheit. Oben sind die Kanzleiräume, Schreibstuben und vor allem das Archiv mit dem kompletten Mobiliar des 15. Jahrhunderts erhalten. Es sind suggestive Zeugnisse der deutschen wie europäischen Handels- und Rechtsgeschichte.

Zentraler Raum des mittelalterlichen Rathauses ist der Ratssaal, ein von einem schön bemalten Holzgewölbe überfangener Raum. Hier wurde einst auf Schränken und Anrichten das berühmte Lüneburger Ratssilber präsentiert, das die Preußen der verarmten Stadt 1874 abkauften, weshalb es heute das Prunkstück des Berliner Kunstgewerbemuseums ist. Die Ikonografie des Raumes lässt sich wie ein Bilderbuch der Reichs- und Hansegeschichte lesen. Hier wurden Ratssitzungen abgehalten, aber auch die nichtöffentlichen Strafprozesse der Stadt verhandelt. Deshalb hatten die Ratsherren auch das große »Jüngste Gericht« auf der Eingangsseite vor Augen, wenn sie in ihrem Gestühl Platz nahmen und Entscheidungen fällten. Das Fenster ist etwas ganz Besonderes: Um 1410 gearbeitet, zeigt es die Helden des Alten Testaments, der römischen und mittelalterlichen Geschichte. Auch Karl der Große darf nicht fehlen, ein deutlicher Hinweis auf das Selbstverständnis Lüneburgs als Freie Reichsstadt. Reichsadler, Stadtwappen und biblische Szenen an der bemalten Decke komplettieren das Programm. Die Deckel im Fußboden zeigen, auf welchem hohen technologischen Niveau eine Stadt wie Lüneburg im späten 15. Jahrhundert war: Es sind die verschließbaren Öffnungen der Fußbodenheizung!

Im Anbau des 16. Jahrhunderts wurde mit der »Großen Ratsstube« ein weiterer Prunkraum eingerichtet, der von üppigen Schnitzereien und Wandgemälden im Stil der Spätrenaissance geprägt ist. Auch hier ist die Gerechtigkeit als Grundlage aller Entscheidungen der städtischen Würdenträger das bestimmende Thema. Zum »Jüngsten Gericht« gesellt sich das »Urteil des Salomo«, ein beliebtes Thema, um die Rechtsprechung zu illustrieren.

Um 1580 hatte Lüneburg noch einmal eine kurze Spätblüte. Die große Zeit des Salzhandels war allerdings vorüber, auch wenn die Saline erst 1980 geschlossen wurde. Die Entdeckung Amerikas 1492 hatte die Weltkarte und damit auch die Handelswege entscheidend verändert und zum Untergang der Hanse beigetragen.

EINGANGSDOPPELSEITE, LINKS, UND GEGENÜBER Durch die bestens erhaltenen, von mittelalterlichen und barocken Backsteinhäusern gesäumten Gassen der Hansestadt fällt der Blick auf die Hauptfassade des Lüneburger Rathauses. Um 1720 wurde dieser Gebäudeteil dem mittelalterlichen Kernbau vorgeblendet. In den Arkaden links fanden die Verhandlungen des Niedergerichts vor der Stadtöffentlichkeit statt. Hier kamen leichte Vergehen wie Diebstähle, Fälle der Wirtschaftskriminalität oder üble Nachrede zur Sprache.

Auf der Alten Salzstraße nach Lübeck

Von Lüneburg empfiehlt sich die Fahrt auf der Alten Salzstraße über Lauenburg und Mölln in die Hansemetropole Lübeck, eine im zweiten Teil auch landschaftlich schöne Strecke durch die Ratzeburger Seenplatte. Parallel zur alten Handelsstraße wurde 1391 bis 1398 der Stecknitzkanal angelegt, um das Salz auf flachen Schuten, die jeweils 7,5 Tonnen aufnahmen, Richtung Lübeck zu transportieren. Eindrucksvoll sind die historischen Schleusenbauwerke, die zu den ersten ihrer Art in Europa zählen. Vom Salzmuseum in Lüneburg bis zu den mittelalterlichen Salzspeichern an der Lübecker Trave ist dies eine eindrucksvolle Tour auf den historischen Spuren des »weißen Goldes« der Hansezeit.

Ort des Leidens im schönen Fontaneland

DAS KONZENTRATIONSLAGER RAVENSBRÜCK

Das nördliche Brandenburg ist mit seiner leicht gewellten Moränenlandschaft und den vielen Seen, dem Schloss von Rheinsberg, Gransee und vielen kleinen Ortschaften eine der schönsten Gegenden im Nordosten Deutschlands. Theodor Fontane beschrieb das Land mit Passion und Zuneigung in seinen »Wanderungen durch die Mark Brandenburg«. Einiges ist touristisch bestens erschlossen, andere Orte warten noch auf ihre Entdeckung. Dazu gehört Fürstenberg, ein properes Städtchen mit einer stolzen Kirche, Barockschloss und vielen klassizistischen Häusern am malerischen Schwedtsee.

Im grausamen Gegensatz zur Schönheit dieses Ortes ließen die Nationalsozialisten ab 1939 an der Ostseite des Sees Häftlinge das Konzentrationslager Ravensbrück erbauen, das sie als Frauenlager für Kommunistinnen, Widerstandskämpferinnen, missliebige Intellektuelle aus Osteuropa, aber auch Frankreich, Skandinavien und Italien, für Sinti und Roma und bis 1942 auch für Jüdinnen ausbauten. Luftaufnahmen dieser Zeit zeigen das riesige, über 150 Hektar große Areal, für das ganze Wälder abgeholzt wurden. Wie in Oranienburg mit dem am Ortsrand gelegenen KZ Sachsenhausen oder Weimar mit dem benachbarten KZ Buchenwald auf dem Ettersberg ist auch hier die Nähe zur Stadt Fürstenberg zutiefst irritierend,

BAU DES FRAUENKONZENTRA-
TIONSLAGERS RAVENSBRÜCK

1939

STÄNDIGER AUSBAU BIS

ENDE 1944

HÄFTLINGSZAHL

ETWA 130.000 AUS 40 NATIONEN

VERSTORBEN UND ERMORDET

ETWA 28.000

EVAKUIERUNG DES LAGERS UND
TODESMARSCH

29. APRIL 1945

BEFREIUNG

1. MAI 1945

EINRICHTUNG ALS NATIONALE
MAHN- UND GEDENKSTÄTTE
MIT SKULPTUREN VON
WILL LAMMERT

1959

NUTZUNG DURCH SOWJET- UND
SPÄTER GUS-TRUPPEN

BIS 1993

EINGANGSDOPPELSEITE, LINKS
Blick in den zweistöckigen Zellen-
bau des KZ Ravensbrück. In den
Zellen erinnern die Nationen Euro-
pas an ihre Gefangenen.
RECHTS Verschiedene Bildhauer
haben Skulpturen für die Gedenk-
stätte geschaffen. Zuletzt ent-
standen 2006 die »Figuren gegen
das Vergessen« des britischen
Künstlers Stuart Wolfe für diesen
Standort vor der Mauer des
Kernlagers.
GEGENÜBER In dieser Arbeitsba-
racke schneiderten die gefangenen
Frauen im Schichtdienst rund
um die Uhr Bekleidung für die
Wehrmacht.

zumal die Häftlinge lange über den städtischen Bahnhof antransportiert wurden. Die Bewohner der Gegend waren über Jahre mit einem Lager konfrontiert, in dem Zehntausende Frauen in Sträflingskleidung zur Zwangsarbeit verdammt waren, und mussten den Gestank von Tod und Verwesung bemerken, wenn der Ostwind den Rauch des Krematoriums über den See trug.

Diese Überlegungen drängen sich bei der kurzen Autofahrt zur Mahn- und Gedenkstätte und beim Anblick der beeindruckenden Gruppe der »Mütter« Fritz Cremers von 1965 auf, die die Einfahrt in das weitere Areal des Konzentrationslagers markiert. Als 1991 ausgerechnet auf diesem Gelände ein großer Supermarkt eröffnet werden sollte, war dies ein Skandal, und die folgenden Proteste verhinderten den Bau.

Dass Ravensbrück im öffentlichen Bewusstsein völlig zu Unrecht weniger Beachtung findet als Sachsenhausen, Buchenwald, Dachau oder Bergen-Belsen, mag damit zusammenhängen, dass bis in die 1990er-Jahre Teile des eigentlichen Gefangenenlagers von den Russen militärisch genutzt und weite Bereiche bis zur Unkenntlichkeit zerstört wurden. Die eindrucksvolle Gedenkstätte aus der DDR-Zeit musste deshalb auf einem schmalem Streifen außerhalb der Lagermauern entstehen.

Noch vor der Ankunft erstrecken sich links der Straße harmlos wirkende Häuser im spießigen Heimatstil der 1930er-Jahre. Hier wohnten in Mehrfamilienhäusern und Villen die KZ-Aufseherinnen und SS-Mannschaften und in vier prächtigen Villen oberhalb die Lagerleitung. Dies alles ist komplett erhalten, und in einem der Aufseherinnenhäuser ist eine höchst instruktive Ausstellung eingerichtet, die sich mit dem Lebensalltag und den Biografien der Täterinnen auseinandersetzt. Viele Aufseherinnen wurden nie gerichtlich belangt, kamen zudem aus einfachen sozialen Verhältnissen. Die überwältigende Mehrzahl der Lagerinsassinnen war ihnen intellektuell wie charakterlich haushoch überlegen. Dies wird in den verschiedenen Ausstellungen im Kommandantenhaus und im Zellblock deutlich, wo man die Lebensläufe und Lebenshintergründe der Häftlinge und vielfach hier durch Entkräftung, Seuche oder Mord umgekommenen Persönlichkeiten aus ganz Europa nachvollziehen kann. Dabei fällt auf, dass weit mehr als in den

Männern vorbehaltenen Konzentrationslagern die Frauen hier zusammen-
hielten, gemeinsam mit den bescheidensten Mitteln für die Kinder sorgten
und versuchten, im Miteinander noch ein winziges Quäntchen Lebensmut
zu erhalten. Die Solidarität war in Ravensbrück ausgeprägter als anderswo,
genauso wie der feste und mit großer Raffinesse umgesetzte Wille, die im
Zwang hergestellten Produkte nach allen Regeln der Kunst zu sabotieren.

Eine Besonderheit im Lager Ravensbrück waren nämlich die Werkstätten. Man kann sich nur mit Mühe vorstellen, unter welchen unerträglichen
Bedingungen hier im 24-Stunden-Schichtdienst etwa geschneidert wurde.
In großen überfüllten Hallen stellten die Gefangenen Bekleidung für SS
und Wehrmacht her, vor allem warme Sachen für den Winter im Russ-

landfeldzug. Die Mehrzahl der in Deutschland von den deportierten Juden konfiszierten Pelze wurde hier wieder aufgearbeitet, und bei aller Tragik macht es doch ein bisschen Hoffnung, mit welcher Courage die Frauen die besten Pelzstücke vernichteten, verschnitten oder gar ein Mantel für Hermann Göring bei der ersten Anprobe wieder auseinanderfiel, weil er absichtlich falsch vernäht war.

Die Anlage in Ravensbrück entspricht der anderer großer Konzentrationslager: Baracken, Appellplatz, Krankenbau und die Grundmauern des Bades, das den Häftlingen die erste traumatische Erfahrung bei Ankunft vermittelte: die Rasur, die Häftlingskleidung, der Verlust jeder weiblichen Scham und Würde in den ersten Minuten.

Der Besuch der in der DDR 1959 eingerichteten Gedenkstätte vor der »Mauer der Nationen«, dem Krematorium und den Resten der Gaskammer ist ein angemessener Abschluss der Besichtigung: Die »Trauernden«, vor allem jedoch die auf einem Pylon auf einer Plattform im See aufgestellte »Tragende« des in der Nazizeit selbst verfolgten Will Lammert sind eindrucksvoll stille, expressive Denkmäler, die beim Blick auf das Schilf und Wasser des Schwedtsees Richtung Fürstenberg hinüber zum Nachdenken und abschließenden Innehalten anregen.

GEGENÜBER Westlich vor dem Lager wohnten die SS-Offiziere und Lagerleiter in Villen, die eine schockierende Normalität vorgaukeln sollten. Einige der Häuser können besichtigt werden.

Todesmärsche und Befreiung

Am Ende des Zweiten Weltkriegs wurden vor den eintreffenden Alliierten die Lager geräumt und Zehntausende Häftlinge Richtung Westen getrieben, unzählige von ihnen dabei erschossen. An vielen Orten im Norden Brandenburgs und im südlichen Mecklenburg-Vorpommern wird an diese Märsche mit Gedenktafeln erinnert, viele davon noch aus der DDR-Zeit. Besonders eindrucksvoll ist die Gedenkstätte Belower Wald bei Wittstock, wo 16.000 Häftlinge aus dem KZ Sachsenhausen über Tage in einem provisorischen Waldlager ohne Verpflegung überleben mussten.

Spaziergänge zu den Gedenkstätten der Reformation

LUTHERSTADT WITTENBERG

Wer sich für deutsche Geschichte und den europaweiten Einfluss der Reformation interessiert, kommt an einem ausführlichen Besuch der Kirchen und Gedenkstätten der Lutherstadt Wittenberg nicht vorbei. Den Zusatz »Lutherstadt« trägt die Stadt offiziell seit 1938, obwohl er bereits während der Weimarer Republik beantragt worden war. Wer eine puppenstubenhafte Altstadt erwartet, sei allerdings gewarnt. Wittenberg erlebte im späten 19. Jahrhundert einen Aufschwung zur Industriestadt, was man an den langgezogenen Industriebrachen im Nordwesten noch gut ablesen kann. Seit 1989 ist die Stadt allerdings fast kontinuierlich geschrumpft, verbunden mit einem Anstieg der Arbeitslosigkeit.

Ganz anders vor 500 Jahren: Wittenberg war vor allem dank des jahrzehntelangen Wirkens von Martin Luther das unbestrittene Zentrum der Reformation. Für die Katholiken galt die Stadt als Ort des Antichrist schlechthin, als wüstes Sodom und Gomorrha. Für die Lutheraner und einen weiten Kreis von Humanisten und Reformern protestantischer Couleur war sie Heimat einer neuen theologischen Geisteshaltung. Mit Melanchthon, Karlstadt, Bugenhagen und zahllosen anderen Persönlichkeiten folgten Luther bedeutende protestantische Denker nach Wittenberg. Mit Duldung des Kurfürsten von Sachsen entwickelte sich hier eine lebhafte

LUTHERHAUS ALS AUGUSTINER-KLOSTER ERRICHTET

AB 1508

WOHNSITZ MARTIN LUTHERS

1508–1546

EINZUG DER EHEFRAU KATHARINA VON BORA

1525

INSTANDSETZUNG DES GEBÄUDES NACH PLÄNEN VON FRIEDRICH A. STÜLER

AB 1844

UMFASSENDE MODERNISIERUNG UND NEUORDNUNG DER GEDENK-STÄTTE

2001/02

UNESCO-WELTERBE

SEIT 1996

publizistische Aktivität, und die Stadt wurde zu einem Zentrum lutherani-
scher, antipapistischer Propaganda. Die Protagonisten nutzten in innovativer Weise Buchdruck, Holzschnitt und Kupferstich, um ihre Ideen europa-
weit zu verbreiten. Mit Lucas Cranach war zudem ein Künstler ersten Ran-
ges in die Stadt gezogen, der nicht nur das Lutherbild prägte, sondern mit
seinen protestantischen Altarbildern das neue Genre der »Reformations-
kunst« aus der Taufe hob.

Ein Rundgang auf den Spuren Luthers und der Reformation beginnt am
besten im Westen der überschaubaren Altstadt: An das Portal der Schlosskirche heftete Luther am 31. Oktober 1517 seine 95 Thesen. Ob dieser »The-

senanschlag« historische Tatsache ist und korrekt datiert wurde oder nicht, spielt eigentlich keine Rolle – Melanchthon berichtete später davon im Rahmen der frühen Luther-Biografik. Entscheidend ist vielmehr, dass dieser Tag als »Reformationstag« zum Ausgangspunkt des Widerstands gegen die katholische Kirche erklärt wurde. Die Thesen gegen den Ablasshandel rüttelten gewaltig an den Fundamenten des Renaissancepapsttums. Hatte das Innere der Kirche bis 1526 noch die legendäre Heiltumssammlung Friedrichs III., des Weisen, beherbergt (die aus nachvollziehbaren Gründen von den Reformatoren aufgelöst wurde), wurde sie später als Begräbniskirche genutzt. Hier sind in erster Linie die Gräber Martin Luthers (1483–1546) und Philipp Melanchthons (1497–1560) zu erwähnen, die den Hauptanlass für den Besuch von Protestanten aus aller Welt bilden. Darüber gerät fast in Vergessenheit, dass mit dem von dem Nürnberger Bildhauermeister Peter Vischer d.J. nach Entwürfen Lucas Cranachs d.Ä. gestalteten Grab und

Epitaph des großen Lutherbeschützers, Kurfürst Friedrichs III., hier ein bedeutendes Werk der Renaissancekunst zu sehen ist.

Der Weg zum Lutherhaus führt am Marktplatz vorbei, der zu den schönsten Ostdeutschlands zählt. Hier hatte Lucas Cranach sich an prominenter Stelle niedergelassen. Sein Wohnhaus ist über den großen Wirtschaftshof mit Ateliers, Druckerwerkstatt und Verkaufsräumen verbunden. Dieses noble Anwesen des erfolgreichen Künstlers war gewissermaßen das Medienzentrum der Reformation. Vergleicht man es mit dem bescheidenen Fachwerkhaus Dürers in Nürnberg, sind die Weiträumigkeit und der großbürgerliche Zuschnitt des Cranach-Hauses verblüffend. Die Stadtkirche schräg gegenüber, der Hauptpredigtraum Luthers und der übrigen Reformatoren, birgt noch heute einen typischen Cranach-Altar (1539/47). Fast aus der gleichen Zeit stammt das Wohnhaus Melanchthons in der Collegienstraße: Es zeigt deutlich den sozialen Aufstieg eines reformatorischen Dozenten und Theologen. Der Kurfürst ließ es ihm 1536 bis 1539 im Renaissancestil errichten. Nach Melanchthons Tod wohnten hier weiterhin Professoren. Das Haus beherbergt heute eine Gedenkstätte; die Wohnräume geben vielleicht das beste Bild von der Wohnkultur in Wittenberg, auch weil sie nicht in der Gründerzeit verändert wurden.

Am östlichen Ende der Innenstadt ist das Lutherhaus das wichtigste Ziel. Erst im Verlauf von Jahrzehnten entwickelte sich das ehemalige Kloster zum privaten Wohnumfeld des Reformators, vor allem nach der Heirat mit der ehemaligen Zisterzienserin Katharina von Bora 1525. Das erhaltene Familienzimmer ist ein Dokument dieser Zeit. Das Lutherhaus war aber auch der wichtigste Ort der Lehre. Obwohl im 19. Jahrhundert aufgefrischt, geben die beiden Hörsäle noch einen guten Eindruck von den Anfängen der Theologischen Universität. Heute wird im Lutherhaus die weltweit größte Sammlung reformationsgeschichtlicher Bilder, Erinnerungsstücke und Dokumente didaktisch und konservatorisch vorbildlich präsentiert. Bereits ein oberflächlicher Rundgang durch die drei Geschosse erfordert ein paar Stunden Aufmerksamkeit.

GEGENÜBER Auf dem Wittenberger Marktplatz wurden bereits früh die wichtigsten Begründer der Reformation geehrt: Luther und Melanchthon. Das Lutherdenkmal vor dem Rathaus stammt von Schinkel; der führende preußische Bildhauer Johann Gottfried Schadow entwarf das Standbild Luthers um 1805. Es sollte das Bild des Reformators bis in die heutige Zeit hinein prägen. Die Schöpfer zahlloser Lutherbilder und -denkmäler in der ganzen Welt übernahmen Pose und Gesichtszüge des Wittenberger Bronzemonuments.

Luthergedenkstätten in Eisleben

Auch Eisleben führt den Zusatz »Lutherstadt« im Namen, seit 1946. Bereits 1693 wurde in Luthers Geburtshaus eine Gedenkstätte eingerichtet. Das Haus, in dem der Reformator am 10. November 1483 geboren wurde, vermittelt einen schönen Eindruck von einem mittelständischen Wohnhaus der Zeit. Komplizierter ist die Geschichte von Luthers Sterbehaus. Die heutige Gedenkstätte wurde zwar in einem um 1500 entstandenen Gebäude eingerichtet, und 1893 wurde das angebliche Sterbezimmer historistisch nach den Quellen ausgestattet; Luther war jedoch in einem ganz anderen, heute nicht mehr existierenden Haus verstorben, und das Durcheinander war durch die Verwechslung der Vornamen der damaligen Hausherren verursacht worden. Trotzdem ist die Verehrung dieses Ortes mittlerweile fester Bestandteil der Luther-Rezeption – vergleichbar mit Bachs »Geburtshaus« in Eisenach, in dem dieser auch nicht das Licht der Welt erblickte.

Im Kampf gegen Napoleon

DIE SCHLACHT VON JENA UND AUERSTEDT
UND DAS VÖLKERSCHLACHTDENKMAL IN LEIPZIG

Welchen Anlass kann es geben, Schlachtfelder vergangener Kriege zu besuchen? Militärhistoriker und an Militärgeschichte interessierte Laien mögen akribisch die Truppenbewegungen nachvollziehen, die Taktik bewundern oder ihre Fehler bemängeln. Und es ist angemessen, an einem Ort, wo viele Menschen im besten Fall für eine Idee gestorben sind, innezuhalten und sich zu fragen: Was ist hier geschehen, hat sich der Blutzoll gelohnt und sich danach etwas zum Besseren gewendet?

Eine Autofahrt, oder idealerweise eine Wanderung oder Fahrradtour, zwischen den etwa dreißig Kilometer voneinander entfernten Orten der Schlacht von Jena und Auerstedt lässt die Ereignisse der katastrophalen Niederlage der Preußen und ihrer Verbündeten 1806 lebendig werden. Auch ist die Landschaft der Hochfläche westlich von Jena ausgesprochen reizvoll: kleine Dörfer, dazwischen Felder und Waldstücke, hin und wieder ragt ein Gedenkstein auf und erinnert an die Toten. Man kann sich hier gut den Nebel vorstellen, der am frühen Morgen des 14. Oktober 1806 über der Fläche lag und Napoleon wie den alliierten Preußen, Sachsen und Braunschweigern die Sicht nahm. Über Nacht hatte Napoleon in einem unglaublichen Kraftakt Geschütze von Jena auf den höchsten Hügel westlich des Saaletals bringen lassen. Die Feindaufklärung misslang in diesen Tagen auf

SCHLACHT BEI JENA UND
AUERSTEDT

14. OKTOBER 1806

VÖLKERSCHLACHT BEI LEIPZIG

16.–19. OKTOBER 1813

AUFSTELLUNG VON 44 GEDENK-
STEINEN (»APELSTEINEN«)
RUND UM LEIPZIG

1861–1864

VÖLKERSCHLACHTDENKMAL
LEIPZIG

BAUZEIT 1898–1913

ARCHITEKT

BRUNO SCHMITZ

BILDHAUERARBEITEN

CHRISTIAN BEHRENS UND FRANZ
METZNER

GESAMTHÖHE

91 METER

beiden Seiten vollkommen. Als Napoleon morgens um sechs Uhr das Feuer eröffnete, wusste er keineswegs, mit wie vielen Truppen er es auf der Gegenseite zu tun haben würde. Die Preußen wiederum waren vollkommen überrascht, weil sie einen Angriff von Süden erwartet hatten, von der leicht zugänglichen Landstraße von Jena Richtung Weimar aus. Um es kurz zu machen: Die Ereignisse an diesem Morgen verliefen chaotisch, und so endete der Tag auch. Sowohl in Jena wie bei Auerstedt fielen auf preußischer Seite um die 10.000, auf französischer Seite um die 7.000 Soldaten.

Die Folgen der Schlacht waren gewaltig. Historiker haben die Wirkung der vernichtenden militärischen und politischen Niederlage Preußens 1806 mit der Zäsur des Sturms auf die Bastille 1789 für Frankreich verglichen. Bereits ein Jahr nach Jena und Auerstedt fasste der spätere Generalfeldmarschall und einer der Sieger von Waterloo 1815, Graf von Gneisenau, die Versäumnisse Preußens im Vorfeld der Ereignisse von 1806 in einer Denkschrift zusammen: »...und, um alles zu umfassen, unser Eigendünkel, der uns nicht mit der Zeit fortschreiten ließ, pressen dem Patrioten stille Seufzer aus.« Die Preußen waren in der Tat immer noch im Spätabsolutismus des 18. Jahrhunderts gefangen. Dies änderte sich nun schlagartig angesichts der Niederlage: Persönlichkeiten wie Gneisenau, Scharnhorst, der Freiherr von Stein, Fichte, Hegel, Humboldt und viele andere wirkten jeweils auf ihre Art an einer durchgreifenden Staats- und Gesellschaftsreform von oben mit. Preußen kam endlich in der Gegenwart an, ja setzte sich an die Spitze der Reformbewegung in Deutschland.

Dies war auch einer der entscheidenden Gründe für den Erfolg der Völkerschlacht bei Leipzig, den ein restrukturiertes Preußen nicht nur auf militärischer Ebene entscheidend mittrug. Das Schlachtfeld war noch weit ausgedehnter als in Jena und Auerstedt; Napoleon erlitt in den drei Oktobertagen 1813 die entscheidende Niederlage in einer Materialschlacht ohnegleichen, bei der fast 600.000 Soldaten der Preußen, Österreicher, Russen und Schweden gegen die Franzosen kämpften.

Heute ist das Kampfgelände in den Vororten Leipzigs kaum noch zu überblicken. Die 44 von dem Leipziger Bürger und Schriftsteller Theodor Apel von 1861 bis 1864 aufgestellten »Apelsteine« erinnern im Stadtgebiet und auf den Feldfluren im Umland an die Stellung der verschiedenen

Regimenter bei diesem Jahrhundertereignis. Sie werden allerdings überstrahlt von dem Völkerschlachtdenkmal, das als letztes der Nationaldenkmäler Deutschlands 1913 eingeweiht wurde. Sachsen hatte sich lange gegen ein größeres Andenken an die Schlacht gewehrt, da es 1813 auf der Verliererseite mit Napoleon gekämpft hatte. Unter Kaiser Wilhelm II. galten diese Bedenken nicht mehr. Das Völkerschlachtdenkmal geriet gewaltig, in der Entfernung imponiert es als klobiger, turmartiger Klotz; ein Zwitter aus Ruhmeshalle, Krypta für die Gefallenen und Monument des Säbelrasselns während des Zweiten Kaiserreichs. Alles geriet gigantisch: der Erzengel Michael am Eingang, die Friese, die riesigen Totenwächter innen wie außen. Künstlerisch bemerkenswert sind deutliche Anklänge von Jugendstil im Detail, die eine nähere Betrachtung lohnen. Elemente des Denkmals fanden Eingang in die Filmkulissen der Stummfilmzeit und würden auch heute in einem Fantasyfilm à la »Jäger des Verlorenen Schatzes« oder »Herr der Ringe« nicht deplatziert wirken. Wenn man sich allerdings vor Augen hält, dass 1914, nur ein Jahr nach Eröffnung, die Materialschlachten des Ersten Weltkriegs begannen, wird das Völkerschlachtdenkmal zu einem hybriden Fanal kommenden Unheils. Es ist in seiner perfekten Monumentalität und Raumgewalt ein unheimlicher und beklemmender Ort und in der Rückschau mehr ein Memento mori schwieriger deutscher Geschichtsverläufe denn ein Siegesdenkmal für eine lange zurückliegende Schlacht.

GEGENÜBER Nächtlicher Blick über den »Tränenteich« auf das Leipziger Völkerschlachtdenkmal. Das Monument ist immer noch der größte Denkmalbau Europas und nur in Superlativen zu fassen: Allein 300.000 Tonnen Stein sind in dem Koloss verbaut worden. Über die politische Aussage dieses spätesten der deutschen Nationaldenkmäler lässt sich trefflich streiten: Als es 1913 eingeweiht wurde, rüstete das deutsche Kaiserreich gewaltig auf. Der Erste Weltkrieg wurde bereits in der Propaganda der europäischen Staaten vorbereitet, und das Völkerschlachtdenkmal mit seinen antifranzösischen Tönen muss wohl als Teil dieser Strategie verstanden werden.

Gedenken an den großen Schwedenkönig

Zwischen Leipzig und Jena wird in Lützen an die große Schlacht des Dreißigjährigen Krieges erinnert, die hier am 16. November 1632 tobte. Jeder vierte teilnehmende Soldat kam im Kampf der Schweden gegen die kaiserlichen Truppen unter Wallenstein ums Leben. Der größte Verlust für die Protestanten war der Tod des Königs Gustav Adolf, dem hier sehr gewaltsam das Leben genommen wurde und den man danach verstümmelte und ausraubte. Nach Plänen von Schinkel errichtete man dem wohl bedeutendsten König der schwedischen Geschichte 1832 bis 1837 ein neugotisches Monument. Der Leichnam wurde in der Riddarsholmen-Kirche in Stockholm würdig beerdigt.

»*Gelbes Elend*« und »*Stasi-Knast*« in der Oberlausitz

DIE GEDENKSTÄTTE BAUTZEN

Der Name der sächsischen Kleinstadt Bautzen steht im öffentlichen Bewusstsein für Unrecht und politische Verfolgung durch die Stasi in der sowjetischen Besatzungszone Deutschlands (SBZ) und in der DDR. Das ist natürlich eine ungerechte Engführung. Deshalb sei eine Lanze für die Stadt gebrochen, denn sie gehört zu den schönsten Mittelstädten Sachsens und hat weit mehr zu bieten als den »Stasi-Knast«. Von der Spree aus bietet sich eine der romantischsten Stadtansichten Deutschlands: Der Blick schweift über den Turm der Alten Wasserkunst auf die zahlreichen erhaltenen Rundtürme der Stadtmauer, die vom Dom St. Petri überragt werden. Weil Bautzen auf Grund seiner strategischen Lage im 17. Jahrhundert mehrfach zerstört wurde, ist das heutige Stadtbild vom Barock geprägt: Hauptmarkt, Innere Lauenstraße und Reichenstraße gehören zu den besonders gut erhaltenen Straßenzügen dieser Zeit. Außerhalb der gründerzeitlichen Stadterweiterung liegt mit dem Taucherfriedhof zudem ein ganz besonders stimmungsvoller Begräbnisplatz, der seit dem 16. Jahrhundert durchgehend mit Grabmälern geschmückt worden ist. Heute versteht sich die Stadt als das Zentrum der Sorben in Deutschland; an wichtigen Handelswegen gelegen, lebten hier Schlesier, Sachsen, Tschechen und eben Sorben traditionell miteinander. Insofern ist es mehr als eine Ironie der Geschichte, dass aus-

BAU DER SÄCHSISCHEN HAFT-ANSTALT BAUTZEN I

AB 1904 BIS HEUTE DURCH-GEHEND GENUTZT, ZURZEIT JUSTIZVOLLZUGSANSTALT

BAU DES UNTERSUCHUNGS-GEFÄNGNISSES BAUTZEN II

AB 1906

RÄUMUNG

NOVEMBER 1989

ERRICHTUNG EINER GEDENK-STÄTTE IN BAUTZEN II

AB JUNI 1993

gerechnet Bautzen mit dem »Stasi-Knast« zum Synonym für Ausgrenzung, Intoleranz und Verfolgung Andersdenkender wurde.

In Bautzen müssen zwei Gefängnisse unterschieden werden: 1904 wurde in gebührendem Abstand nördlich der Innenstadt die für damalige Verhältnisse sehr fortschrittliche große Haftanstalt Bautzen I gebaut, die unter anderem eine vorbildliche Hygienetechnik aufwies. Hier sollten 1.100 Häftlinge untergebracht werden, wobei relativ viel Platz für jeden einzelnen vorgesehen war. Selbst eine große Anstaltskirche gehörte dazu. Nach 1933 wurde hier ein Zuchthaus zur Unterdrückung politischer oder rassisch Verfolgter eingerichtet. Ernst Thälmann war hier 1943/44 inhaftiert, bevor er in das KZ Buchenwald gebracht und dort ermordet wurde. Bautzen I teilte die Tragik vieler Nazizuchthäuser, ja selbst einiger Konzentrationslager, die in der Nachkriegszeit übergangslos weiter genutzt wurden. Der sowjetische NKWD erweiterte die Haftanstalt zu einem Speziallager, das mit über 7.000 Häftlingen unzumutbar überbelegt war; deutlich mehr als 3.000 Menschen starben hier von 1945 bis 1949 an den unsäglichen Haftbedingungen; die aktuelle Aufarbeitung dieser Zeit deckt immer mehr Todesfälle auf.

Auch wenn Bautzen I in der DDR-Zeit einen schlechten Ruf genoss und die chronisch überfüllte Anstalt nach einem Häftlingsaufstand 1950 »Gelbes Elend« genannt wurde – »gelb« wegen der Farbe des hier verbauten Klinkersteins –, der berüchtigte »Stasi-Knast« befand sich östlich der Innenstadt an anderer Stelle. Dieses mit 134 Zellen sehr viel kleinere Gefängnis war ursprünglich für Untersuchungshäftlinge des im Gebäudekomplex integrierten Landgerichts eingerichtet worden. Zur Nazizeit wie auch unter sowjetischer Besatzung wurden hier politische Häftlinge verhört und auch gefoltert. 1951 übernahm das Innenministerium der DDR Bautzen II, ab 1956 unterstand es inoffiziell als Sonderhaftanstalt direkt dem Ministerium für Staatssicherheit. Danach verstärkte sich der Ruf von Bautzen als Ort der Unterdrückung. Hier waren Dissidenten untergebracht, gefasste oder vermeintliche Republikflüchtlinge, Spione und Agenten. Die Liste der Häftlinge liest sich wie ein Who's who der DDR-Intelligenz: von dem Schriftsteller Erich Loest bis zu dem wohl bekanntesten Dissidenten der späten DDR, Rudolf Bahro. Im Dezember 1989 wurden alle Häftlinge aus Bautzen II entlassen, und 1992 wurde das Gefängnis geschlossen.

Stasi-Gedenkstätten in Berlin

In vielem mit Bautzen II vergleichbar, von der Dimension allerdings deutlich größer und mit zentralen Verwaltungsstellen des Ministeriums für Staatssicherheit verbunden war das zentrale Untersuchungsgefängnis der DDR in Berlin-Hohenschönhausen, wo heute ebenfalls eine Gedenkstätte eingerichtet ist. Hier können Verhörzimmer ebenso angeschaut werden wie die Zellentrakte und die Überreste des vormaligen sowjetischen Speziallagers.

In Berlin öffnete zudem im Bildungszentrum des »Bundesbeauftragten für die Unterlagen des Staatssicherheitsdienstes der ehemaligen Deutschen Demokratischen Republik« in der Berliner Zimmerstraße eine zentrale Dauerausstellung zur Stasi ihre Pforten, die vom Bundespräsidenten Christian Wulff am 15. Januar 2011 eingeweiht wurde.

Ein letzter Staatsauftrag der DDR

DAS BAUERNKRIEGSPANORAMA
IN BAD FRANKENHAUSEN

Thomas Müntzer (1489–1525) war eine der schillerndsten Persönlichkeiten der Reformationszeit. Die Theologie Luthers deutete er ins Schwärmerische und Apokalyptische um, den Täufern stand er nahe. Im Laufe seines kurzen Lebens radikalisierten sich seine Sichtweisen immer mehr; vom wortgewaltigen Pastor wandelte er sich zum Sozialrevolutionär, der sich auf die Seite der entrechteten Bauern schlug.

Als sich ein militärischer Konflikt bei Frankenhausen abzeichnete, war Müntzer zur Stelle. Dies stieß allerdings nicht bei allen Bauern und Bergleuten auf Gegenliebe, zu zerstritten war das Lager der schlecht ausgerüsteten Aufständischen. Als schließlich die Landsknechte der vereinigten Truppen von Hessen, Sachsen und Braunschweig die Bauern am 14. und 15. Mai 1525 in ihrer Wagenburg oberhalb von Frankenhausen stellten, konnte auch ein Thomas Müntzer der Übermacht nur die Kraft des Wortes entgegenstellen. Der heute »Schlachtberg« genannte Hügel trägt seinen Namen zu Recht. Die Landsknechte metzelten mehr als 6.000 Bauern nieder; Pardon wurde nicht gegeben. Müntzer selbst konnte noch in die Stadt fliehen, entkam aber der grausamen Folterung in der Feste Heldrungen ebenso wenig wie der Hinrichtung durch die Sieger am 27. Mai 1525 vor den Toren seiner Pfarrstadt Mühlhausen.

SCHLACHT VON FRANKENHAUSEN
15. MAI 1525
BAU DER GEDENKSTÄTTE, HEUTE PANORAMA-MUSEUM
AB 1974
AUSSENDURCHMESSER DES RUNDBAUS
43,70 METER
GRÖSSE DES PANORAMABILDES
123 MAL 14,5 METER
ENTWURF UND AUSFÜHRUNG
WERNER TÜBKE (1925–2004)
FERTIGSTELLUNG
1987

Als die DDR die Epoche der Frühen Neuzeit als Zeit der »Frühbürgerlichen Revolution« entdeckte, war Müntzer als Protagonist rasch ausgemacht. Sein Konterfei schmückte nicht nur Geldscheine und lieh einem bedeutenden Preis seinen Namen, sondern war als Vorreiter sinnstiftende Identifikationsfigur des Sozialismus in Deutschland geworden. Insofern verwundert der Beschluss nicht, ihm und seinen Mitstreitern zu Ehren auf dem Schlachtberg ein großes Ehrenmal zu errichten. Was von außen aussieht wie ein Silo, überrascht im Innenraum mit einem der größten Panoramabilder Europas. Werner Tübke bekam den Auftrag für dieses riesige Bild, das so gar nicht in das Schema des Sozialistischen Realismus passt; dafür sind Anklänge an die italienische Renaissance und die Kunst des Manierismus zu deutlich.

1975 erklärte sich Tübke nach längeren Verhandlungen bereit, »ein komplexes Sinnbild mit dominierendem Kunsterlebniswert« zu schaffen, das »unser Geschichtsbild zur frühbürgerlichen Revolution zum Ausdruck bringt und dem Betrachter voll und überraschend die Lebens- und Denkbilder der Menschen von damals anschaulich macht«. Tübke hatte sich alle künstlerischen Freiheiten ausbedungen, als er den Auftrag annahm. Historiker legten ein Programm fest. Konzeption und Durchführung widersetzten sich allerdings der Vereinnahmung durch die Regierenden. Der Künstler strebte keine Glorifizierung des Bauernaufstandes an. Das kreisende Rundbild ohne Anfang und Ende eröffnet eine surrealistisch geprägte, individuelle Sicht auf die Zeit um 1500. Im Rückgriff auf die anachronistische Form des Panoramas, wie es im 19. Jahrhundert vor der Erfindung der Fotografie und des Films seine Hochzeit erlebt hatte, gelang ihm eine Parabel deutscher Kultur und Unkultur, die in der ikonografischen Überladung und expressiven Dauerspannung der Figurensprache allerdings an Grenzen stößt. Ja mehr noch: Deutschland dermaßen ins Zentrum einer Weltlandschaft zu stellen, erscheint am Ende des 20. Jahrhunderts ein unangemessener Monumentalismus. Daran ändern nichts die Harlekinaden und burlesken Elemente, mit denen Tübke das Pathos auflockerte.

Die sorgsam um den Lebensbrunnen aufgereihten Heroen der Dürerzeit strafen alle vermeintliche Leichtigkeit Lügen: Von Adam Kraft und Dürer zu Kopernikus und Paracelsus, von Luther über Melanchthon zu Karl V. und Jakob Fugger reicht die gespenstische Ahnengalerie der eigentlichen

Gründerzeit Germanias. Ohne jede Ironie blättert Tübke in diesem Teil ein fiktives Buch deutscher Kultur- und Geistesgeschichte auf: Die zentralen, historischen Persönlichkeiten rund um den Brunnen nehmen die Position der Heiligen ein. Darüber folgt Thomas Müntzer, die Bundschuhfahne in der Hand, freigestellt im Schlachtengewühl als Erzengel Michael, vom Regenbogen des Jüngsten Gerichts überfangen. Drum herum das ganze Spektrum religiöser und profaner Versatzstücke des Spätmittelalters und der Frühen Neuzeit: vom Turm zu Babel und einem Schneebild bis zu apokalyptischen Mord- und Folterszenen, in denen es von unheimlichen Monstern nur so wimmelt. Der Effekt lässt sich in Abbildungen nicht ansatzweise wiedergeben. Der Eindruck dieser ultimativen deutschen expressiven Linien- und Farbmalerei ist grandios. Aber eine Anrührung des Betrachters stellt sich nicht ein, die Überführung der Inhalte in die Sphäre des Humanen fehlt. Wir bestaunen die Kunstfertigkeit und das virtuose Spiel mit den Bildquellen und bleiben doch des unterlegten Staatsauftrags stets gewahr. Die Auftraggeber ihrerseits mögen enttäuscht gewesen sein, ließ sich Tübkes deutsches Weltpanorama doch weder politisch noch erzieherisch nutzen. Die marionettenhaften Figuren agieren als Getriebene und Niedergeworfene eines tragischen Welttheaters, sie sind nicht Agierende im Sinne der marxistischen Geschichtsphilosophie. Selbst die Täter sind hier Opfer, die Opfer immer auch Täter.

Müntzer-Gedenkstätten in Mühlhausen

Sowohl in Müntzers Geburtsort Stolberg wie auch auf der Festung Heldrungen, wo dieser nach der Schlacht von Frankenhausen gefoltert und verurteilt wurde, wird an den Theologen und Sozialreformer erinnert. Zentraler Gedenkort ist das thüringische Mühlhausen, wo Müntzer zuletzt an der Marienkirche Pastor war und seine »Auserwählten« um sich scharte. Dort, vor allem aber im Bauernkriegsmuseum in der Kornmarktkirche, werden die Ereignisse von 1524/25 in Erinnerung gerufen. Ein Denkmal am Frauentor bezeugt den Weg zur Hinrichtungsstätte. Zu DDR-Zeiten bekamen Stolberg wie Mühlhausen den Zusatz »Thomas-Müntzer-Stadt«, der allerdings nach der Wende aus den Ortsnamen wieder entfernt wurde.

Die heilige Elisabeth, Tannhäuser und Martin Luther

DIE WARTBURG BEI EISENACH

Mit ihrer Wehrmauer, dem stolz aufragenden Palas, dem mächtigen zentralen Bergfried und den pittoresken Fachwerkaufbauten entspricht die Wartburg gerade in der Fernwirkung der Idealvorstellung einer deutschen Burg als mittelalterlicher Herrschersitz. Allerdings wurde das ruinöse Gemäuer im 19. Jahrhundert recht großzügig zu der Silhouette ergänzt, die uns heute so vertraut vorkommt. Der Palas wurde aufgestockt, außen nach Vorgabe der Kaiserpfalzen systematisiert und innen großzügig neu dekoriert; Bergfried, Torhalle zwischen Vorburg und Hauptburg sowie Neue Kemenate sind reine Fantasiebauten. Und selbst die Vorburg wurde mit Versatzstücken aus Nürnberg großzügig verschönert: Ein Erker aus dem Harsdörffer'schen Haus kam 1872 hinzu, und innen wurde kurzerhand das sogenannte Pirckheimerstübchen aus dem Imhoffhaus aus Nürnberg eingebaut. Die Umbauten und Hinzufügungen des Historismus machten aus der Wartburg ein Nationaldenkmal des deutschen Mittelalters. Der Grund hierfür wird schnell deutlich, wenn man sich die bewegte Geschichte der Burg vor Augen führt.

Der Bau eines repräsentativen Wohnpalastes war für eine Höhenburg etwas Neues, denn bisher hatte man im größten Turm einer Burg gewohnt. Verschiedene Elemente der kaiserlichen Profanbauten, wie etwa die Adler-

GRUNDBAU DES PALAS

1157/1170 DURCH DIE LAND-
GRAFEN LUDWIG II. UND III.
VON THÜRINGEN

UMGESTALTUNG DER VORBURG

UM 1475

REKONSTRUIERENDE NEUBAUTEN
(BERGFRIED, TORHALLE, PALAS,
RITTERBAD): 1849–1889

TEILWEISER RÜCKBAU DER HISTO-
RISTISCHEN ERGÄNZUNGEN

NACH 1952

UNESCO-WELTERBE

SEIT 1999

kapitelle, aber auch neueste Wölbeformen aus der Klosterbaukunst wurden hier erstmals auf den Bau einer Burg übertragen. Die Thüringer Landgrafen wollten damit ihre Nähe zum staufischen Kaiserhaus allen Besuchern deutlich machen und sich als Landesherren profilieren.

1221 heiratete Landgraf Ludwig die vierzehnjährige ungarische Adlige Elisabeth. Die Ehe war bis zur Abreise Ludwigs, der am Kreuzzug teilnehmen wollte, harmonischer, als uns die vielen Elisabethlegenden glauben machen wollen. Diese sind jedoch untrennbar mit der späteren Heiligen wie auch mit der Wartburg verbunden. So etwa das berühmte Rosenwunder: Elisabeth, die in einem Korb Brot zu den Armen nach Eisenach hinuntertragen wollte, wurde von ihrem aufgebrachten Ehemann aufgehalten, der ihr soziales Engagement nicht guthieß. Als er das Tuch vom Korb hob, waren wundersamerweise nur Rosen darin. Die weitere Geschichte der historischen Landgräfin Elisabeth ist ein Beleg dafür, welch schweren Stand selbst adlige Damen hatten, wenn ihre Ehemänner in den Krieg zogen. Durch konsequente Intrigen wurde Elisabeth wie viele ihrer Leidensgenossinnen entmündigt und musste ihr Seelenheil schließlich in der Armenpflege suchen; als einfache Hospitalschwester starb sie mit 24 Jahren in Marburg.

Die Wartburg war aber vor allem auch ein Ort höfischer Festlichkeiten. Minnesänger aus ganz Deutschland kamen hier zusammen, um ihre Dichtung vorzutragen, von Walther von der Vogelweide bis zu Wolfram von Eschenbach. Der Tannhäuser war eher ein Minnesänger der zweiten Reihe, bevor er durch die Verknüpfung seiner Geschichte mit derjenigen der Elisabeth Berühmtheit erlangte; die Oper Richard Wagners von 1845 machte ihn unsterblich. Moritz von Schwind gestaltete nach 1850 im Palas die wichtigsten Szenen der Blütezeit Thüringens und des Sängerstreits als Wandmalerei – ein Hauptwerk der deutschen Kunst der Spätromantik! Der glühende Wagner-Verehrer Ludwig II. von Bayern war davon so begeistert, dass er einige Jahre später eine ins Monumentale gesteigerte Replik des Sängersaales der Wartburg ins Dachgeschoss von Schloss Neuschwanstein einbauen ließ. Und wer es noch üppiger mag: Ein Hauptwerk wilhelminischer Dekorationskunst sind die quietschbunten Mosaiken der sogenannten Elisabethkemenate im Erdgeschoss des Palas, 1902 bis 1906 von Berliner Werkstätten gefertigt.

Als wäre es mit der herausragenden Bedeutung der Wartburg für die deutsche Kulturgeschichte des Mittelalters noch nicht genug: Der Aufenthalt Martin Luthers auf der Wartburg von Mai 1521 bis März 1522 verlieh dieser aus Sicht des 19. Jahrhunderts endgültig den Charakter eines Nationaldenkmals. Die Geschichte ist allseits bekannt: Der mit der Reichsacht belegte Luther wurde auf der Rückreise vom Reichstag zu Worms vom Kurfürsten von Sachsen zum Schein entführt und inkognito als Junker Jörg auf die Wartburg in Sicherheit gebracht. Hier entstand einer der Hauptgegenstände der Bibelforschung und ein zentrales Werk der deutschen Literatur: die Übersetzung des Neuen Testaments. Für die Entwicklung der deutschen Sprache hat die Übersetzung eine ähnliche Bedeutung gehabt wie Dantes »Göttliche Komödie« für das Italienische. Der in diesen Werken verwandte Dialekt setzte sich anschließend in der Schriftsprache durch.

Auch wenn in der Lutherstube der berühmte Tintenfleck mal hier, mal dort gezeigt wird – suggestiv ist dieser Arbeitsraum des Theologen, Reformators und Humanisten allemal. In den anschließenden, museal genutzten Räumen der Vorburg sind erstaunlich gute Kunstwerke ausgestellt, darunter etliche Gemälde von Cranach und seiner Werkstatt. Ein Besuch der Wartburg wäre nicht abgeschlossen ohne einen Besuch im Hotel, das Bodo Ebhardt 1912 bis 1914 auf einer aussichtsreichen Felsplattform etwas unterhalb erbaute. Die Aussicht in die Berghänge des Thüringer Waldes und zur Burg hinüber ist phänomenal!

Erinnerung an das Wartburgfest

Das Burschenschaftsdenkmal ragt südlich von Eisenach 33 Meter hoch empor. Wilhelm Kreis gestaltete das Monument, mit dem ursprünglich nur die gefallenen Burschenschaftler des Krieges 1870/71 geehrt werden sollten. Heute wird hier an das Wartburgfest von 1817 erinnert, ein zentrales Datum für die Geschichte der Burschenschaften. 1902 war das mächtige Denkmal fertig; nach Jahren der Verwahrlosung in der DDR-Zeit ist der Innenraum mit den Malereien im Jugendstil wieder rekonstruiert worden und seit 2007 zu besichtigen.

FRIEDRICH I
BARBAROSSA

Der Lieblingsaufenthaltsort der salischen Kaiser

DIE KAISERPFALZ IN GOSLAR

Wer den englischen oder französischen König besuchen wollte, hatte es im Mittelalter vergleichsweise einfach: Er musste nach London oder Paris fahren. Selbst wenn sich der Monarch auf einem Feldzug befand oder eine Burg außerhalb besuchte – es war sicher, dass er zurückkam! Ganz anders bei den deutschen Königen und Kaisern: Sie zogen von Pfalz zu Pfalz, eine zentrale Residenzstadt gab es nicht. Zudem waren sie meist im Sattel und hielten die widerspenstigen Bischöfe und Landesherren ihres fragilen Reiches zusammen, weite Reisen nach Italien eingeschlossen. Es gab jedoch Lieblingspfalzen, wo ein Kaiser möglichst viel Zeit verbrachte. Dies hatte unter anderem mit der Hausmacht des Monarchen in einem bestimmten Reichsgebiet zu tun. Die sächsischen Könige und salischen Kaiser hielten sich deshalb bevorzugt am Harzrand auf. Hier in ihrem Stammesgebiet fühlten sie sich vergleichsweise sicher. Dazu kam, dass in der Nähe Goslars der Rammelsberg liegt, in dem der legendäre Ritter Ramm 968 Erz gefunden hatte. Nach dem Jahr 1000 wurde das Bergwerk zu einem der wichtigsten Silberlieferanten des Reichs – da konnte kaiserliche Präsenz vor Ort nicht schaden.

Die südöstlich der Altstadt etwas erhöht gelegene Kaiserpfalz imponiert heute als breit gelagertes Steingebäude, an das links, über einen Gang verbunden, die Ulrichskapelle angeschlossen ist. Die heute denkmalhafte

BEGINN DER BAUARBEITEN AM KAISERHAUS

1005 UNTER HEINRICH II.

1050 WEIHE DER STIFTSKIRCHE ST. SIMON UND JUDAS (»GOSLARER DOM«)

ABSCHLUSS DER ERSTEN BAUPHASE

UM 1060

BAU DER ULRICHSKAPELLE

UM 1130

ABRISS DES DOMS

AB 1819

AUSMALUNG DER PFALZ

1877–1890

KÜNSTLER

HERMANN WISLICENUS (1825–1899)

EINGANGSDOPPELSEITE, LINKS
Detailansicht der Nordfront der
Kaiserpfalz. Nach 1871 entdeckte
man das Kaiserhaus als Nationaldenkmal der eigenen Geschichte,
was bei aller Kritik auch den romanischen Bestand für die Nachwelt
sicherte. Die Figur von Friedrich I.
Barbarossa entwarf Robert Tobe-
rentz um 1900.
GEGENÜBER In der Domvorhalle
der abgerissenen Stiftskirche
St. Simon und Judas stellte man
den uralten Kaiserstuhl museal
auf. Ältester Teil sind die bronze-
nen Wangen und die Rücken-
lehne des Thrones. Die steinernen
Schranken kamen erst später
hinzu.

Freistellung des Gebäudes täuscht. Sie ist ein Produkt des ausgehenden 19. Jahrhunderts, als die Ruinen der Pfalz großzügig rekonstruiert wurden und davor eine Platzanlage entstand, die in trauter Zweisamkeit nicht nur den Hohenstaufenkaiser Friedrich I. Barbarossa neben Wilhelm I., dem Reichsgründer von 1870/71, zeigt, sondern in die ausgerechnet auch noch eine Kopie des Braunschweiger Löwen integriert ist. Die damit erfolgte Einbeziehung der verfeindeten Welfen kann man nur als Versuch der wilhelminischen Künstler interpretieren, den im Kaiserreich des 19. Jahrhunderts erfolgten Ausgleich widerstreitender Kräfte zu betonen.

Ursprünglich war die Pfalz vor der Stadt eigens von einer Wehrmauer umgeben. Wirtschaftsgebäude und bescheidenere Häuser der Höflinge begleiteten den Königsbau. Gegenüber betonte die mächtige Benediktinerstiftskirche St. Simon und Judas die enge Verzahnung von Kaisertum und Kirche, die eine der Grundlagen des Selbstverständnisses der Monarchen von Heinrich II. bis Heinrich IV. während des gesamten 11. Jahrhunderts war. Die Selbstverständlichkeit, mit der die Kaiser zu dieser Zeit am Papst vorbei Bischöfe bestimmten, führte schließlich zum Gang Heinrichs IV. nach Canossa 1077. Der Investiturstreit war eine Zäsur auch für die Goslarer Pfalz. Die Hohenstaufen interessierten sich mehr für das Silber im Rammelsberg als für das Gebäude, 1253 war der letzte König hier zu Besuch. Danach verfiel die Anlage.

1819 war der Tiefpunkt erreicht: Der »Goslarer Dom« wurde verkauft und zum Abriss freigegeben. Nur die Domvorhalle mit hübschen Stuckreliefs und einer fabelhaften, lombardisch geprägten Mittelsäule am Eingang überstand die Zerstörung eines der Hauptwerke sächsischer Romanik. Auch die Pfalz war in miserablem Zustand, das Steinwerk im Obergeschoss billig durch Fachwerk ersetzt. Erst nach 1871 erwachte das neue Interesse, konnte man hier doch ein zentrales Gebäude der Reichsgeschichte im Sinne eines Nationaldenkmals neu deuten. Dies ist vor allem im Inneren zu spüren.

Der Westflügel mit den ehemaligen kaiserlichen Wohnräumen ist bis zur Unkenntlichkeit verbaut worden. Im Untergeschoss des 47 mal 15 Meter großen zentralen Saalbaus – einer der mächtigsten Raumschöpfungen der Romanik in Europa überhaupt – kann der von Holzpfeilern gestützte Wintersaal immerhin noch erahnt werden. Hier wurde vor wenigen Jahren der

Kaiserstuhl neu aufgestellt. Seine Wangen aus Bronze gehören zu den qualitätvollen Metallarbeiten der salischen Kaiserzeit. Der neben dem Aachener einzige originale Kaiserthron wurde extra zur ersten Reichstagssitzung 1871 für Kaiser Wilhelm I. nach Berlin gebracht.

Im großen Saal des Obergeschosses wird in riesigen Wandbildern ausführlich dargestellt, wie das Heilige Römische Reich durch Wilhelm I. 1871 seine Wiedergeburt erfuhr. Romanisch ist an diesem Saal kaum noch etwas, doch es entstand ein Gesamtkunstwerk der Gründerzeit mit spektakulären Effekten. Hermann Wislicenus malte ab 1877 mit Gehilfen zwanzig

Jahre an dem Zyklus. Das Mittelbild zeigt symbolisch überhöht die Reichsgründung 1871, die von Otto von Bismarck mit einem Schlag des Hammers auf den Amboss unterstrichen wird. Friedrich I. Barbarossa grüßt vom Himmel herab. Vorne sind der Rhein und Germania in Szene gesetzt, Personifikationen von Elsass und Lothringen dürfen nicht fehlen. Links und rechts begleiten Persönlichkeiten und Monarchen die Reichsgründung; pikanterweise ist ausgerechnet König Ludwig II. von Bayern besonders herausgehoben. Er hatte sich der Reichsgründung lange widersetzt, überbringt Wilhelm I. hier aber in erster Reihe die Kaiserkrone. Insbesondere die Szenen der älteren Kaisergeschichte haben Eingang in das kollektive Gedächtnis gefunden, etwa der Auftritt Luthers auf dem Reichstag in Worms oder Barbarossas Wiedergeburt im Kyffhäuser. Nach so viel Gründerzeit und Glanz und Gloria kann man die Besichtigung mit einem Besuch der Ulrichskapelle in angenehmer Weise abschließen. Die doppelstöckige Zentralkirche ist der einzige Ort der Pfalz, an dem der romanische Charakter noch prägend ist. Nach Abriss des Domes wurde ein Kaisergrab hierher umgebettet: Heinrich III. liebte die Goslarer Pfalz, deshalb wurde sein Herz hier nach dem Tod 1056 bestattet. Der Körper liegt in der Kaisergruft des Doms zu Speyer.

Pfalzen im Harzvorland

Noch drei weitere Regierungssitze des Mittelalters können in der Umgebung Goslars besucht werden. Die Pfalz von Werla bei Schladen war zeitlich der Vorgängerbau des Kaiserhauses in Goslar; bereits Heinrich I. bewohnte sie im 10. Jahrhundert. Seit einigen Jahren werden endlich systematische Ausgrabungen durchgeführt. Dies gilt ebenso für den Burgberg über Bad Harzburg, von wo aus Heinrich IV. 1077 Richtung Canossa zog.

Am besten erhalten und in vielem ein Nachfolgebau der Goslarer Pfalz – und dies bereits aus Konkurrenzgründen – ist die Burg Dankwarderode der Braunschweiger Welfenherzöge. Heinrich der Löwe, der große Widersacher Kaiser Barbarossas, residierte in diesem repräsentativen Saalbau. Und hier steht der originale Löwe vor der Tür – und keine Kopie wie in Goslar! –, eine der großartigsten Bronzearbeiten des gesamten Mittelalters. Ebenso eindrucksvoll ist das Grab Heinrichs des Löwen und seiner Gemahlin Mathilde im Dom nebenan, ein Hauptwerk deutscher Skulptur der frühen Gotik (um 1225 bis 1250 entstanden).

Ein Ort von Schuld und Sühne

DIE STADT DER REICHSPARTEITAGE UND DIE NÜRNBERGER PROZESSE

Bis in die Zeit der Weimarer Republik galt Nürnberg den Deutschen als traditionsreiche Freie Reichsstadt, als Stadt der Kaiser, die hier von den Hohenstaufen bis zu Karl IV. gerne Quartier nahmen, vor allem aber als die Wirkungsstätte Albrecht Dürers. Sein Name stand für eine blühende Handels- und Kunstmetropole, in der sich wie nirgendwo sonst – höchstens vielleicht in Augsburg – deutscher Humanismus, deutsche Kunstfertigkeit und deutscher Bürgersinn zwanglos mit Einflüssen aus der italienischen Renaissance verbanden. Nach einer Atempause in der Barockzeit, in der kaum etwas in der großen Altstadt der Dürerzeit verändert wurde, erlebte Nürnberg mit der Industrialisierung einen rasanten Aufschwung und empfahl sich wieder als die unbestrittene Metropole Frankens.

Das Schicksal der Stadt erfuhr einen radikalen Bruch, als sich die NSDAP nach zwei Reichsparteitagen in München und Weimar im August 1927 zum ersten Mal für Nürnberg als Austragungsort ihrer Massenspektakel entschied. Dies war eine eher zufällige Ortswahl, auf die allerdings die gut organisierte Gauleitung Franken mit Julius Streicher einigen Einfluss ausgeübt haben mag. Auch gab es mit der kriegszerstörten Luitpoldhalle einen geeigneten Ort, und die danebenliegende Luitpoldarena bot Platz für Aufmärsche. Nach 1933 wurde dieses Areal zunächst ausgebaut: Mehr als

ERSTER REICHSPARTEITAG DER NSDAP IN NÜRNBERG

1927

AUSBAU DES REICHSPARTEITAGS-GELÄNDES

AB 1933

GRÖSSE DES AREALS

11 QUADRATKILOMETER ZERSTÖRUNG BEI BOMBARDE-MENTS UND ABTRAGUNG BIS IN DIE 1970ER-JAHRE

NEUES INFORMATIONSSYSTEM IM GELÄNDE

SEIT 2006

BEGINN DER NÜRNBERGER PROZESSE

20. NOVEMBER 1945

GEDENKSTÄTTE MIT SCHWUR-GERICHTSSAAL 600

ERÖFFNUNG HERBST 2010

150.000 SS- und SA-Mitglieder versammelten sich auf der nun gepflasterten Fläche, um hier vor der angeblichen »Blutfahne« des Münchner Putschversuchs auf den Führer vereidigt zu werden. Ein »Ehrentempel« wurde ebenso gebaut wie die breit gelagerte Tribüne, die ganz auf Hitler als Hauptredner zugeschnitten war. Auf diesem, heute bis auf den Tempel stark veränderten und rückgebauten Platz drehte Leni Riefenstahl nach dem »Sieg des Glaubens« von 1933, der wegen der zu starken Präsenz von SA-Führer Ernst Röhm zurückgezogen wurde, 1934 den Propagandafilm »Triumph des Willens«. Es ist hier nicht der Ort, die – vorsichtig ausgedrückt – Ambivalenz dieser Filme zu bewerten. Hitler persönlich zeigte sich äußerst zufrieden mit dem Ergebnis.

Mit dem Reichsparteitagsgelände hatte er allerdings weit Größeres im Sinn: Nach einem Masterplan Albert Speers von 1934/35 wurde hier bis in den Krieg hinein in monumentalem Maßstab gebaut. Die realisierten wie geplanten Gebäude stellten selbst die Planungen für Berlin in den Schatten: Für die Aufmärsche wurde zusätzlich zur Luitpoldarena das Zeppelinfeld hergerichtet, dessen riesige, in den 1970er-Jahren teilweise abgerissene Tribüne von weit über 200 Metern Länge heute einen Problemfall des

Denkmalschutzes darstellt. Der Goldene Saal im Mitteltrakt ist einer der wenigen erhaltenen Prunkräume der Nazizeit. Was tun mit diesem Torso? Ihn museal herrichten, in eine neue Nutzung überführen? Dies sind schwierige Fragen der Denkmalpflege, zumal die ästhetische Überwältigungsstrategie der Gebäude noch heute bei manchem Zeitgenossen auf fruchtbaren Boden fällt. Ähnliches gilt für die auf 50.000 Besucher ausgelegte Kongresshalle, die in weiten Teilen steht und in einem Seitentrakt eine fabelhafte Ausstellung zum Thema »Reichsparteitagsgelände« beherbergt. Ob allerdings vor diesem kolosseumartigen Monstrum Volksfeststimmung aufkommen mag, müssen die Besucher des heute als Messeplatz genutzten Vorplatzes selbst entscheiden. Hier wie auf der fast zwei Kilometer langen, über vierzig Meter breiten Aufmarschstraße zwischen dem heute überbauten gigantomanischen Märzfeld und dem Kernbereich wurden die Steinplatten verlegt, die unter unendlichen Qualen im KZ Flossenbürg und Mauthausen von den Häftlingen gebrochen wurden. Das ganze Areal ist blutbefleckter

RAY D'ADDARIO

D
NÜRNE
PRO

DAS VERFAHR
HAUPTKRIEGSVER

Boden deutscher Geschichte. Und vielleicht ist es mehr als eine traurige Ironie ebendieser Geschichte, dass neben der Baugrube des für 450.000 Menschen erdachten Stadions heute der Trümmerberg Nürnbergs aufragt, der aus dem Schutt der Stadt nach 1945 entstand – und mit seinen Altlasten das Wasser des Teiches daneben vergiftet.

Nürnberg ist als Stadt benutzt worden und hat sich benutzen lassen; die parallel zu den Reichsparteitagen stattfindenden Aufmärsche durch das Herz der Altstadt prägten das Bild der Frankenmetropole ab 1933. Speer hatte mit der »Großen Straße« des Parteitagsgeländes zudem eine optische Achse zur alten Kaiserburg hergestellt. Damit wollte er der jungen Diktatur der Nazis über die Symbolsprache der Architektur eine historische Legitimation verschaffen. Die »Stadt der Reichstage« war zur »Stadt der Reichsparteitage« verkommen. Nürnberg war zu einem Synonym für Nazideutschland geworden. Insofern kamen die Bombardements zu Beginn des Jahres 1945 nicht überraschend.

Es war dann ebenso wenig zufällig, dass die Alliierten Nürnberg für die Aburteilung der Kriegsverbrecher auswählten. Vom 20. November 1945 bis zum 1. Oktober 1946 war der Schwurgerichtssaal 600 im Justizgebäude Schauplatz für den Hauptprozess, der nach dem Kontrollratsgesetz Nr. 10 vom 20. Dezember 1945 durchgeführt wurde; zwölf Prozesse folgten auch an anderen Orten, aber alle sind als »Nürnberger Prozesse« in die Geschichte eingegangen. Erst vor Kurzem wurde hier eine sorgsam kuratierte Dauerausstellung zu den Prozessen eingerichtet. Die Nürnberger Verfahren sind aus zeitlichem Abstand in vielerlei Hinsicht auf ihre Rechtmäßigkeit hin überprüft worden. Vieles bleibt ambivalent, aber was wäre die Alternative gewesen? Anders gesagt: Dass heute Verbrechen gegen die Menschlichkeit in das Völkerrecht eingegangen sind, dass Diktatoren nicht mehr immun sind gegen eine internationale Gerichtsbarkeit, ist auch eine Folge der juristischen Abwägungen und des Paradigmenwechsels seit den Nürnberger Prozessen.

Auf den Spuren des alten Nürnberg

Nach so viel Beschäftigung mit den Verwerfungen der jüngeren Geschichte ist ein Gang durch die Nürnberger Innenstadt eine willkommene Abwechslung. Trotz der heftigen Kriegszerstörungen: Im Viertel von St. Sebald unter der Kaiserburg erhält man noch einen passablen Eindruck vom reichen ehemaligen Bestand an Bürgerhäusern, darunter dem Dürerhaus. Die meisten Patrizierhäuser der Renaissance sind allerdings im Feuersturm untergegangen. Weil die Schätze ausgelagert waren, bieten die Pfarrkirchen von St. Sebald wie St. Lorenz, aber auch die Frauenkirche am Hauptmarkt noch Ausstattungsstücke aus dem 15. und 16. Jahrhundert in Hülle und Fülle. Gleiches gilt für das Germanische Nationalmuseum: Nirgendwo sonst in Deutschland lässt sich insbesondere die Kunst und Kultur der Dürerzeit so intensiv erleben wie hier.

Ein Tempel für die Deutschen

DIE WALHALLA BEI REGENSBURG

ERSTE IDEE

1807

BAUBEGINN NACH ARCHITEKTEN-
WETTBEWERB

1830

ARCHITEKT

LEO VON KLENZE

FEIERLICHE EINWEIHUNG

1842

AUSSENMASSE DES TEMPELS

67 METER LÄNGE, 32 METER
BREITE UND 20 METER HÖHE;
130 BÜSTEN BEDEUTENDER
PERSÖNLICHKEITEN DER DEUT-
SCHEN KULTUR UND GESCHICHTE

Zentrale Orte, an denen Persönlichkeiten aus Geschichte und Kultur gedacht wird, haben in anderen europäischen Ländern für die Definition des nationalen Selbstverständnisses große Bedeutung: so in London die Westminster Abbey, in Paris das Panthéon und in Italien die florentinische Kirche von Santa Croce wie auch das römische Pantheon selbst, das späteren Bauwerken seinen Namen lieh. Einen vergleichbaren nationalen Gedenkort gab es in Deutschland auf Grund der komplizierten Reichs- wie Nationalgeschichte nie. Umso interessanter ist eine Betrachtung der Entstehungsumstände der Walhalla bei Regensburg, dem vielleicht sympathischsten der deutschen Nationaldenkmaler. Ludwıg von Bayern hatte 1807 noch als Kronprinz die Idee, große Geister »germanisch-deutscher Zunge« mit Bildnisbüsten in einer bayerischen Ruhmeshalle zu ehren. Dabei war es zu diesem Zeitpunkt vor allem sein schlechtes Gewissen, das ihn die Initiative ergreifen ließ, denn die Bayern waren mit Napoleon verbündet und damit am Untergang Preußens beteiligt. Als 30.000 Bayern bei Napoleons Feldzug gen Moskau fielen, führte dies zu einem radikalen Stimmungsumschwung im Königreich. Zehn Tage vor der Völkerschlacht von Leipzig 1813 wechselten die Bayern die Fronten – gerade noch rechtzeitig, um beim Wiener Kongress nicht mit territorialen Verlusten abgestraft zu werden.

EINGANGSDOPPELSEITE, LINKS
Der Giebel auf der Südseite der Walhalla zeigt in der Mitte Germania, der von den Seiten her die deutschen Staaten huldigen. Die Besucher der Walhalla haben bei dem schönen Wetter kaum einen Blick dafür übrig: Sie genießen den weiten Blick über die Donau nach Niederbayern hinüber.

GEGENÜBER Der weihevolle Innenraum des Tempels wird nur durch Oberlichter erhellt, was ihm eine fast mystische und ruhige Abgeklärtheit verleiht. Links und rechts sind zu Seiten der Viktorien die Büsten berühmter Deutscher aufgestellt; darüber erinnern Namensschilder an diejenigen, von denen man sich kein zuverlässiges Bild mehr fertigen konnte. Ganz hinten thront Ludwig I. von Bayern als marmorne Sitzfigur an der Stirnseite des Saales. Mit Ketten abgetrennt, verraten im Boden eingelassene Inschriften die Baugeschichte des Ruhmestempels.

Kronprinz Ludwig, der später das Land als König Ludwig I. von 1825 bis 1848 regierte, verfolgte mit der Walhalla also schon früh und in Opposition zu der frankreichfreundlichen Politik seines Vaters das Ziel, die großen Geister der deutschen Nation zu würdigen und die Einheit des Vaterlandes gegen die französische Bedrohung zu beschwören. Sein erster Berater bei dem Projekt war der Schweizer Historiker Johannes von Müller, der den Namen »Walhalla« für einen Ort vorschlug, an dem der seligen Toten der Germanen gedacht werden sollte – und dies lange vor Richard Wagner. Er vertrat die eigentümliche Theorie, dass die Germanen einen Durchlauf durch die hellenische Kultur hinter sich gebracht hätten, bevor sie christianisiert wurden und sich zu den »Teutschen« wandelten. So entstand die Idee eines griechischen Tempels, von der Ludwig von Beginn begeistert war, da er nicht nur aus kunstästhetischen Gründen ein engagierter Philhellene war. Er finanzierte einen Gutteil des griechischen Befreiungskampfes gegen die Türken ab 1821 aus seiner Privatschatulle und installierte schließlich seinen zweiten Sohn Otto 1832 als ersten König des befreiten Griechenlands. Verbindungen zum Griechentum gab es also genug.

Das Projekt der Walhalla nahm Fahrt auf, als Ludwig König geworden war. Eine ganze Reihe von Erinnerungsbüsten großer Deutscher war allerdings bereits im Auftrag des Kronprinzen von der ersten Garde deutscher Bildhauer, Schadow, Rauch, Tieck und Dannecker, gefertigt worden und harrte in einem Lager ihrer Aufstellung. Mit Leo von Klenze fand Ludwig schließlich den idealen Architekten für sein ambitioniertes Projekt. Klenze war ein sattelfester Kenner der antiken Architektur, sein Klassizismus gehört zum feinsten in ganz Europa. Nachdem der Tempel zunächst im Englischen Garten in München errichtet werden sollte, entschied man sich 1826 für den Hügel nahe Donaustauf, wo die Kombination aus lieblicher Berglandschaft, Donauauen und Ortschaften eine geradezu idealtypische Summe deutscher Landschaften bot. Die heute kanalisierte Donau gibt beim Blick von der Walhalla aus einen verfälschten Eindruck der ursprünglichen Topografie des romantischen Ortes. 1842 eröffnete Ludwig I. das Monument mit den Worten: »Möchte Walhalla förderlich sein der Erstarkung und der Vermehrung deutschen Sinnes! Möchten alle Deutschen, welchen Stammes sie auch seien, immer fühlen, dass sie ein gemeinsames

Vaterland haben, ein Vaterland, auf das sie stolz sein können, und jeder trage bei, so viel er vermag, zu dessen Verherrlichung.«

Der König ebenso wie Klenze dachten in großen Dimensionen: Wenn schon ein dorischer Tempel als Bekrönung der Anlage, dann sollte dieser eine Replik des Parthenon auf der Athener Akropolis sein. Ganz unhistorisch gerieten der Treppenaufgang von der Donauseite und der Unterbau. Es macht gerade das Besondere des griechischen Tempels aus, dass er allansichtig in der Landschaft steht und keine bevorzugte Front hat. Von Klenze hatte jedoch anderes im Sinn: Der Aufgang kam einer Katharsis, einer inneren Reinigung gleich – von unten nach oben zum Tempel hin werden die Steinsetzungen immer regelmäßiger, der Haustein ist weiter unten ungeglättet, am Tempel selbst perfekt poliert. Selbstverständlich stand das Figurenprogramm unter germanisch-deutschen Vorzeichen: Auf der Seite des

Berghangs gestaltete Ludwig von Schwanthaler den Giebelfries mit dem Sieg des Arminius in der Schlacht gegen den Römer Varus im Teutoburger Wald 9 n. Chr., auf der Donauseite bewegen sich im Giebel die deutschen Länder in allegorischer Formation auf die Germania im Zentrum zu.

Bei dem schlichten Äußeren überrascht das buntfarbige Innere der Walhalla. Leo von Klenze entwarf einen dreiteiligen Tempelraum nach klassizistischem Geschmack: Die Wände sind mit farbigem Marmor verkleidet, Architekturteile wurden ebenso bemalt wie die Nachbildungen der berühmten Karyatiden des Athener Erechtheions auf der Akropolis, die hier das obere Stockwerk zu tragen scheinen. Hinter dem geschmackvollen Prunk ist neueste Bautechnik versteckt: Das Dach selbst wurde in einer Mischung aus Guss- und Schmiedeeisen ausgeführt.

Im Zentrum des Interesses stehen natürlich die Bildnisbüsten der berühmten Deutschen, die an den Wänden wie römische Kaiserbüsten in mehreren Etagen auf Konsolen in musealer Weise arrangiert wurden. Ludwig I. steuerte nach seiner Abdankung 1848 bis zum Tod 1868 weitere Büsten bei. Noch heute werden immer wieder große Namen mit der Aufnahme ihrer Bildwerke in die Walhalla geehrt, so etwa 2003 die Widerstandskämpferin Sophie Scholl oder 2010 Heinrich Heine, der sich allerdings zu Lebzeiten höchst despektierlich über die Walhalla geäußert hatte.

Die Entscheidungsfindung vor der Aufstellung einer neuen Büste ist kompliziert: Jeder Bürger kann einen Vorschlag unterbreiten, sofern der oder die Vorgeschlagene mindestens zwanzig Jahre verstorben ist, muss aber im Gegenzug bei Annahme des Vorschlags auch die Kosten für die Herstellung der Büste übernehmen. Letztendlich entscheidet der Bayerische Ministerrat in München über die seltene Ehre, in das Pantheon des deutschen Geistes aufgenommen zu werden. 130 Persönlichkeiten deutscher Muttersprache sind auf diese Weise bis heute geehrt worden.

GEGENÜBER Es ist schwer zu entscheiden, ob der Blick über die Donau auf die Walhalla spektakulärer ist als der Blick vom Tempel hinab ins Tal. In dieser Ansicht imponiert besonders schön die vielgestaltige Treppenanlage des Tempels, die Leo von Klenze nicht der griechischen, sondern der römischen Baukunst Italiens entnahm. Eine ähnliche Treppenanlage findet sich dort in Palestrina, südlich von Rom.

Die Befreiungshalle in Kelheim

Weil Ludwig I. sich gegenüber Preußen politisch als Schwergewicht positionieren wollte, sollte mit einem zweiten Gebäude an die Napoleonischen Kriege erinnert werden. Auf einem Berg über Kelheim plante Friedrich von Gärtner ab 1842 die Befreiungshalle als monumentalen Rundbau im Kontrast zur Walhalla. Leo von Klenze brachte das riesige Gebäude bis 1863 zum Abschluss. Der Außenbau ist gewöhnungsbedürftig, das Schönste ist der Ausblick auf Altmühl und Donau. Der Innenraum jedoch beschert ein eindrucksvolles Raumerlebnis. Die gewaltige Höhe von 45 Metern imponiert ebenso wie die subtile Farbbehandlung und Steinauswahl; darüber hinaus gehören die ringsherum aufgestellten Viktorien Ludwig von Schwanthalers zu den besonders gelungenen klassizistischen Figurenschöpfungen.

Immenser Reichtum und soziales Engagement

DIE FUGGER IN AUGSBURG

Der Aufstieg der Familie Fugger als Inhaber des bedeutendsten Handels-, Banken- und Bergwerkimperiums der Frühen Neuzeit ist eines der spannendsten Kapitel der Wirtschaftsgeschichte. Bereits im 15. Jahrhundert entschieden sich die Fugger, ihr Geld nicht nur mit dem klassischen Warenhandel zu verdienen, etwa Baumwolle oder Spezereien, sondern das Bankengeschäft mit Beteiligungen an Bergwerken zu verknüpfen. Das Prinzip war neu und genial: Die Fugger liehen Landesfürsten oder Bischöfen Geld, bezahlten direkt deren Gläubiger und bekamen im Gegenzug Schürfrechte oder Beteiligungen an Bergwerken zugesprochen. Jakob Fugger baute das System mit seinen beiden Brüdern Georg und Ulrich in großem Stil aus; nach deren Tod 1506 beziehungsweise 1510 handelte er auf eigene Rechnung. Seine Schuldner waren vor allem die Habsburger, der Papst und der König von Ungarn, weshalb die Fugger nach 1500 fast die Hälfte des europäischen Kupferbergbaus in der Slowakei kontrollierten; hinzu kamen Silberbergwerke im Stammland der Habsburger, im Tiroler Inntal. Die Verbindung zum Hause Habsburg kann man am besten als Symbiose zu beiderseitigem Nutzen beschreiben. Nachdem bereits Maximilian I. auf Jakob Fugger angewiesen war, stellte die Finanzierung der Königswahl seines Enkels zum römisch-deutschen König Karl V. alles bisherige Engagement

WICHTIGSTER REPRÄSENTANT DER FAMILIE

JAKOB FUGGER D.Ä. »DER REICHE« (1459–1525)

BAU DER FAMILIENKAPELLE AN ST. ANNA

AB 1509

ENTWURF UNTER BETEILIGUNG VON

ALBRECHT DÜRER

BAU DES FAMILIENPALASTES IN DER MAXIMILIANSTRASSE

1512–1515

STIFTUNG DER FUGGEREI

1521 ERSTES, BIS HEUTE BEWOHNTES PROJEKT DES SOZIALEN WOHNUNGSBAUS IN DEUTSCHLAND

EINGANGSDOPPELSEITE, LINKS, UND FOLGENDE DOPPELSEITE, LINKS Ein Spaziergang durch die kleinen Straßen der Fuggerei ist eine willkommene Gelegenheit, mitten in der oberschwäbischen Metropole Augsburg einen Ort der Stille und fast klösterlichen Abgeschiedenheit zu finden. Die 1521 gegründete Sozialbausiedlung erinnert im Baustil an die Kleinstädte dieser Zeit.

GEGENÜBER Der Wiederaufbau von St. Anna nach 1945 gehört zu den besten Leistungen der deutschen Restauratoren: Die barock umgebaute Kirche erstrahlt wieder in altem Glanz; vor allem aber konnte die Fuggerkapelle am Westende wiederhergestellt werden. Mit den Skulpturen Hans Dauchers und den prächtigen Orgelflügeln darüber vermittelt sie noch heute den exquisiten Geschmack von Jakob Fugger »dem Reichen«, dessen Grab sich ebenfalls hier befindet.

einer Privatbank in den Schatten: Mit mehr als 500.000 Gulden bestachen die Fugger im Auftrag Karls die Kurfürsten 1519 – und sicherten diesem damit die Königswahl. Das war mehr als der jährliche Staatshaushalt des Reiches. Und auch für diese Finanzierungsleistung wurde Jakob noch spät belohnt: Er erhielt das Monopol für den Abbau der Zinnobervorkommen im zentralspanischen Almadén.

Zur Verbesserung der gesellschaftlichen Akzeptanz bemühte sich Jakob um Landbesitz. Bereits 1507 bekam er erste Besitzungen in Oberschwaben zugesprochen, dann folgte 1511 die Erhebung in den Adelsstand, 1514 der vererbbare Titel eines Reichsgrafen. Dies war ein in der Reichsgeschichte bis dahin beispielloser Aufstieg eines Kaufmanns in die vorderste Reihe der Lehensmänner des Heiligen Römischen Königs und Kaisers.

Parallel dazu baute und stiftete Jakob in Augsburg und Umgebung. An Geld, aber auch an gutem Geschmack mangelte es nicht. Es ging in erster Linie darum, den neu gewonnenen sozialen Status mit den Mitteln der Kunst für alle sichtbar zu machen. Zunächst dachte er an sein Seelenheil und ließ den Westteil der Kirche von St. Anna als Familiengrablege umgestalten. Es ist davon auszugehen, dass Albrecht Dürer direkten Anteil an der Planung hatte. Die »Fuggerkapelle« ist ein eigenartiger Mischbau von Schmuckformen der venezianischen Renaissance, das Ganze überwölbt mit einem typisch spätgotischen Schleifengewölbe in deutscher Tradition. Jakob Fugger hatte als junger Mann längere Zeit an der deutschen Handelsniederlassung, dem Fondaco dei Tedeschi, in Venedig gearbeitet, kannte also die neuesten Trends der Renaissance aus eigener Anschauung. Hier wurde an nichts gespart; die Skulpturen Hans Dauchers gehören zu den feinsten Zeugnissen der deutschen Renaissancekunst.

Danach ließ Jakob in bester Wohnlage 1512 bis 1515 einen Familienpalast erbauen, der mit den wunderschönen Arkaden des »Damenhofes« wahrlich fürstlichen Zuschnitt hat. Es muss erwähnt werden, mit welchem Fingerspitzengefühl, Geschmack und Mut Augsburger Restauratoren und Denkmalpfleger hier nach den schweren Kriegszerstörungen zu Werke gingen und die Bombardements von 1944 vergessen machten.

Dies gilt insbesondere für die Fuggerei, die älteste Sozialbausiedlung der Welt, mit deren Stiftung der alternde Jakob Fugger wohl auch ein wenig

sein soziales Gewissen beruhigen wollte. Auch diese wurde 1944 zu vierzig Prozent zerstört, aber behutsam vereinfachend in den alten Formen wiederaufgebaut.

Ab 1521 hatte Jakob hier ein kleines Städtchen innerhalb der alten Reichsstadt errichten lassen, in dem katholische Menschen mit gutem Leumund wohnen sollten. Die Fuggerei wird noch heute von einer Familienstiftung nach ähnlichen Prinzipien wie um 1500 geführt. Die Jahresmiete einer Wohnung beträgt symbolische 88 Cent. Wie vor Jahrhunderten wird abends das Tor verschlossen, und der Nachtwächter öffnet nach 22 Uhr nur noch für einen kleinen Obolus die Pforten.

Zu den berühmtesten Bewohnern zählte Wolfgang Amadeus Mozarts Urgroßvater Franz, der die Wohnung Nr. 14 in der Mittleren Gasse von 1681 bis zum Tod 1694 bewohnte. Heute mag uns die Fuggerei mit ihren kleinen Sträßchen und bescheidenen, trotzdem schmucken Wohnhäusern seltsam vertraut vorkommen. Damals war sie revolutionär. Bereits die eigene Klingel an der Haustür war mehr als ungewöhnlich. Sonst lebten minder Be-

tuchte in barackenähnlichen Hinterhäusern oder eng zusammengedrängt in den Handwerkervierteln oder vor der Stadtmauer. Zwei Wohnungen sind museal zugänglich: eine des 17. Jahrhunderts, die für damalige Zeit ausgesprochen geräumig ist, und eine moderne, die das Platzangebot an die heutigen Mieter veranschaulicht. Und auch hier wurde an das Seelenheil gedacht: Die Fuggerei verfügt selbstverständlich über eine kleine hübsche Kirche, auch diese nach dem Krieg sorgfältig wiederhergestellt. Ein modernes Denkmal erinnert an Jakob Fugger »den Reichen« und damit auch an dessen Erbe, das heute noch in Augsburg überall mit schönen wie nützlichen Dingen erfreut.

Zeugnisse der späteren Fugger in Augsburg

Jakob d.Ä. starb 1525 kinderlos. Es gab allerdings Neffen, die das Familienimperium später in mehreren Linien fortführten. Die Fugger des späteren 16. und 17. Jahrhunderts finanzierten die Ausschmückung der riesigen ehemaligen Benediktinerklosterkirche von St. Ulrich und Afra großzügig. Der spätgotische Koloss vermittelt mit seiner üppigen Ausstattung ein Gefühl für den Reichtum der Stadt, die in ihrer Blütezeit zwischen Renaissance und Barock das unbestrittene Mekka des deutschen Kunsthandwerks war. Die Kanzel und der mächtige Hochaltar von Hans Degler von 1604 sind phänomenale Stücke später deutscher Schnitzkunst. Hinzu kommen mehrere Seitenkapellen, die von Mitgliedern der Familie Fugger als Grablegen gestaltet wurden.

Der Bodensee im Brennpunkt der Weltgeschichte

DAS KONZIL VON KONSTANZ

KONZIL VON KONSTANZ

5. NOVEMBER 1414–22. APRIL 1418

VERURTEILUNG UND VERBREN-NUNG DES JAN HUS

6. JULI 1415

WAHL MARTINS V. ZUM PAPST

11. NOVEMBER 1417

ORT DER PAPSTWAHL

»KONZILSHALLE«, EHEM. KAUFHAUS, ERBAUT 1388

Die Reise des frisch gekürten Gegenpapstes Johannes XXIII. an den Boden-see stand unter keinem guten Stern. Als der wackelige Wagen über den Arl-bergpass holperte, kippte er um. Der Kirchenfürst kommentierte seinen Sturz in den Schlamm mit den Worten: »Hier liege ich in Teufels Namen!« Johannes XXIII. hatte die beschwerliche Reise nicht ganz freiwillig unter-nommen. Ein Konzil in der alten Bischofsstadt Konstanz sollte eröffnet werden, um die Einheit der Kirche wiederherzustellen. Aktuell gab es drei Päpste: Gregor XII. regierte in Rom, Benedikt XIII. leitete die Geschicke der Kirche von Avignon aus, und nun war auch noch Johannes XXIII. hinzuge-kommen, der sich in Lodi in Oberitalien verschanzt hatte. Die Lage war einigermaßen verworren, die Päpste agierten als Marionetten der europä-ischen Monarchen und der ihnen gewogenen Bischöfe und Kardinäle. Der römisch-deutsche König Sigismund, der zugleich auch König der Böhmen und Ungarn, dazu Kurfürst von Brandenburg war, wollte sich auf der euro-päischen Politbühne profilieren. Er litt unter seinem charismatischen Vater Kaiser Karl IV., der Prag zu einem Zentrum europäischer Kultur gemacht hatte, und auch Sigismund gierte nach der Kaiserkrone. Dafür musste er eindeutige Verhältnisse in der Kirche schaffen, denn eine Kaiserkrönung durch einen von drei möglichen Päpsten war nicht die Lösung. Die Sache

entwickelte sich aber zunächst anders als erhofft, zumindest für den am Arlberg Verunfallten: Johannes XXIII. eröffnete zwar noch das Konzil in Konstanz am 5. November 1414, musste aber bald als Stallbursche verklei-det fliehen, weil er seine vermeintliche Stärke falsch eingeschätzt hatte. Über Jahre in Deutschland gefangen, kam er erst nach Ablauf des Konzils wieder frei. Gregor XII. war schlauer: Er verzichtete auf die Tiara; Benedikt XIII. war uneinsichtig und saß an der spanischen Küste das Konzil aus, nur von wenigen getreuen Bischöfen umgeben. Sigismund gelang im Verbund mit den Reichsfürsten das Unmögliche: Er erreichte das Ende des katho-lischen Schismas und die Wahl eines Fürsten aus der römischen Familie Colonna als Papst Martin V. am 11. November 1417 in Konstanz.

Ein Störfaktor musste zuvor ausgeschaltet werden: Die schwärmerische, von nationalen Tönen begleitete Reformtheologie des Tschechen Jan Hus passte überhaupt nicht in das Konzept einer Neuregelung der europäischen Ordnung nach Jahrzehnten des Machtvakuums. Der König mochte ihm frei-es Geleit zugesagt haben, setzte sich dann in Konstanz aber nicht mehr für seinen Untertanen ein, der sich erhobenen Hauptes um Kopf und Kragen redete. Das zwingende Argument für Sigismunds Untätigkeit war, dass ein Ketzer nicht mehr der weltlichen, sondern der geistlichen Gerichtsbarkeit unterstehe. Die zahlreichen hochrangigen Kleriker hatten mit ihren Päpsten genug zu klären; Gedanken an eine Reform waren hier zur falschen Zeit am falschen Ort und deshalb nicht erwünscht. Hus wurde zum Bauernopfer der Reichs- und Kirchenpolitik. Schon bald nach seiner Ankunft in Kon-stanz festgesetzt, wurde er nach Monaten der Gefangenschaft am 6. Juli 1415 verurteilt und noch am gleichen Tag mit seinen Schriften zusammen vor den Stadtmauern verbrannt.

Dies alles spielte sich über vier Jahre in einer kleinen Stadt von gerade einmal 6.000 Einwohnern ab. Schlaue Köpfe haben errechnet, dass sich in diesem Zeitraum 72.000 Besucher in Konstanz tummelten. Gewohnt und verhandelt, gegessen und diskutiert wurde eigentlich überall: in Gasthöfen, Bürgerhäusern, den Kirchen und öffentlichen Gebäuden der Stadt. Der Chronist Ulrich von Riechenthal schrieb die Denkwürdigkeiten jener Jahre akribisch auf. Er berichtet auch von zeitweilig 700 Damen des leichten Gewerbes, die sich um das Wohlergehen der Konzilsteilnehmer kümmerten.

Es muss wüst zugegangen sein in Konstanz: »ain concilium kind« wurde zu einer sprechenden Bezeichnung für die unehelichen Kinder dieser Jahre.

Fand der Prozess gegen Jan Hus noch im Münster statt, wurde das 1388 errichtete mächtige Kaufhaus am Bodenseeufer später zum bevorzugten Versammlungsort. Hier wählten die Kardinäle den neuen Papst Martin V. und beendeten damit die Kirchenspaltung. Von einem mächtigen Dach überfangen, lagerten im großen Saal des Obergeschosses ursprünglich Wolle und Tuche, bevor der riesige Raum beim Konzil seine neue Bestimmung als Versammlungssaal erhielt. Im 19. Jahrhundert mit Bildern des Konzils ausgeschmückt, dient er heute als Ort für diverse Veranstaltungen und Konzerte. Die »Konzilshalle« hat leider sehr unter der gastronomischen Nutzung gelitten, ein moderner Anbau im Erdgeschoss verschandelt die Seeseite.

Die Folgen des Konzils von Konstanz waren bedeutend: Mit dem Tod von Hus wurden die blutigen Hussitenkriege ausgelöst, grausame Religionskriege als Vorboten der Neuordnung Europas im 16. Jahrhundert nach Martin Luther. Mit der Wahl Martins V. konnte endlich ein Papst wieder nach Rom einziehen, der sich umgehend daranmachte, die Stadt würdevoller zu gestalten – ein Vorläufer der Renaissancepäpste. Und am allerwichtigsten: Die Konzilsidee als solche hatte ihre Stärke bewiesen. Es ist eine Ironie der Geschichte, dass ein zweiter Papst Johannes XXIII. (der Gegenpapst in Konstanz zählt in katholischer Lesart nicht) im Jahr 1962 mit dem 2. Vatikanischen Konzil viele der Fragestellungen einer Kirchenreform wieder aufgriff, die in Konstanz noch nicht auf der Tagesordnung standen.

Das Konstanzer Münster

Obwohl vor allem als Ort des Prozesses gegen Jan Hus bekannt, hat das Konstanzer Münster weit mehr zu bieten. Die Krypta stammt noch aus karolingischer Zeit, und die verwinkelten Raumfolgen bis zur ottonischen Mauritiusrotunde sind einzigartige, wenngleich kaum bekannte Zeugnisse der Vorromanik – inklusive der dort ausgestellten wertvollen Goldschmiedearbeiten. Ebenso ungewöhnlich ist die frühgotische Raumskulptur des Heiligen Grabes in der Rotunde. Das eigentliche Münster mit Kirchenschiff und Chor ist zwar romanischen Ursprungs, hat aber bis in die Spätgotik zahlreiche Veränderungen erfahren. Den hübschen Maßwerkturm kannten die Konzilsteilnehmer allerdings noch nicht: Er wurde erst nach 1497 dem Westwerk aufgesetzt.

Der »deutsche Herbst« und die Folgen

DIE JUSTIZVOLLZUGSANSTALT STUTTGART-STAMMHEIM

Stuttgart-Stammheim ist im öffentlichen Bewusstsein als der Ort präsent, an dem die Prozesse gegen die Terroristen der ersten Generation der »Rote Armee Fraktion« (RAF) stattfanden und an dem Ulrike Meinhof, Andreas Baader, Gudrun Ensslin und Jan-Carl Raspe zu Tode kamen. Als Justizvollzugsanstalt der Stadt Stuttgart nach modernen Prinzipien des Strafvollzugs errichtet, wurde das Gefängnis auf Grund von Verfahrensfragen und wegen seiner abseitigen Lage ausgewählt. Als Ort der Prozesse errichtete man 1975 eine euphemistisch so genannte »Mehrzweckhalle«, die allerdings nichts anderes war als ein optimal zu schützender Gerichtssaal vor den Toren der Stadt. Über den Dächern wurden sogar Stahlnetze gespannt, um den Abwurf von Sprengstoff über dem Gerichtssaal zu verhindern. Der erste Prozess begann am 21. Mai 1975 und sollte bis zum 28. April 1977 dauern. Er wurde zu einem der längsten und spektakulärsten Gerichtsverfahren nach 1945. Dem vorsitzenden Richtergremium wurden von den Wahlverteidigern zahlreiche Befangenheitsanträge und Beschwerden über das Verfahren vorgelegt. Die Komplexität des Prozesses war beispiellos, weil sich hier das angegriffene Selbstverständnis der Bundesrepublik zeigte und das Verfahren einem enormen Medieninteresse ausgesetzt war. Der Blick in den kühl eingerichteten, funktionalen Raum lässt kaum die hitzigen Debatten erahnen,

BAU DER JUSTIZVOLLZUGSAN-
STALT STUTTGART-STAMMHEIM

1959–1963

BAU DES GERICHTSSAALS FÜR
DIE RAF-PROZESSE

1975

TOD VON ULRIKE MEINHOF

9. MAI 1976

TOD VON ANDREAS BAADER,
GUDRUN ENSSLIN UND JAN-CARL
RASPE

18. OKTOBER 1977

DERZEITIGE KAPAZITÄT DER JVA

877 HÄFTLINGE

die hier stattfanden. Noch während des Prozesses erhängte sich Ulrike Meinhof am 9. Mai 1976 in ihrer Zelle, was die Stimmung im Gerichtssaal zusätzlich aufheizte.

Im Gebäude I der JVA Stuttgart-Stammheim waren im 7. Stock die Angeklagten untergebracht. Das Bild von Isolationshaft, gar Isolationsfolter, das auch im Prozess immer wieder vorgebracht wurde, steht im Gegensatz zu den Nachrichten darüber, was alles in die Etage geschmuggelt werden konnte. Die Öffentlichkeit mokierte sich über die scheinbare Bevorzugung der Häftlinge im Vergleich zum normalen Strafvollzug: Berichte von Plattenspielern und anderen Luxusartikeln in den Zellen, freizügigem Zugang zu Lektüre, freigiebigem Außenkontakt über zahlreiche Anwälte machten die Runde. Bereits die Zusammenlegung von Männern und Frauen in einer räumlichen Einheit war ein Novum.

Das Gerichtsverfahren von Stammheim war noch in Revision, als sich im Herbst 1977 die Ereignisse überschlugen: Von der Schleyer-Entführung am 5. September bis zur Befreiung der Lufthansa-Maschine »Landshut« in Mogadischu durch deutsche Sondereinheiten am 18. Oktober rollte ein Drama ab, das auch als »nicht erklärter Ausnahmezustand« der politischen Geschichte und als »deutscher Herbst« beschrieben worden ist. Ganz klar in diese Kategorie gehört das Kontaktsperregesetz vom 29. September 1977, das jeden Außenkontakt von zunächst 72 Terrorverdächtigen, inklusive der Anwälte, unterband und in kürzester Zeit durch die Instanzen rechtskräftig gemacht wurde.

Als den in Stammheim Inhaftierten klar wurde, dass sich die Regierung der Bundesrepublik nicht auf eine Freipressung einlassen würde und auch die erpresserische Flugzeugentführung durch sympathisierende arabische Freischärler gescheitert war, kam es zur oft diskutierten »Todesnacht von Stammheim«: Am frühen Morgen des 18. Oktober wurden Andreas Baader und Jan-Carl Raspe erschossen in ihren Zellen aufgefunden; Gudrun Ensslin hatte sich mit einem Kabel am Zellenfenster erhängt; einzig Irmgard Möller überlebte ihre Stichverletzungen in der Herzgegend.

Diese Nacht hat vielerlei Legenden Vorschub geleistet. Eine angeblich eindeutige Erklärung ist immer das Ergebnis der Interpretation der verschiedenen Lager gewesen: War es Suizid, als sich die Lage der Inhaftierten angesichts der Befreiung der »Landshut« in Mogadischu als hoffnungslos herausstellte? Ein von Staats wegen geduldeter Suizid, der vorhersehbar war? Dafür hätte gesprochen, dass die Gespräche der Häftlinge über angezapfte Leitungen auch von außen überprüfbar gewesen sein mussten und auch der Schmuggel von Waffen wie Sprengstoff in die Zellen kaum unbemerkt bleiben konnte. War es ein staatlicher Auftragsmord durch die Geheimdienste, wie linke Interpreten lange Zeit behaupteten? Die letzte Vermutung hat sich trotz der merkwürdigen Umstände eines Genickschusses bei Andreas Baader und einem Stromausfall in den Stunden vor den Todesfällen nicht nachweisen lassen, die ersten beiden Annahmen sind plausibler. Traurige Gewissheit bleibt allerdings, dass der seit 43 Tagen von der zweiten Generation der RAF-Terroristen gefangen gehaltene Hanns-Martin Schleyer am 19. Oktober ermordet wurde, als seine Entführer von den Todesfällen in Stammheim erfuhren.

Die unheimliche Festung Hohenasperg

In Blickentfernung von Stuttgart-Stammheim erhebt sich die prominente Festung Hohenasperg, südwestlich von Ludwigsburg gelegen. Was die Feste Königstein bei Pirna für die sächsischen Könige war, bedeutete Hohenasperg für die Württemberger Herzöge: ein immer wieder ausgebautes und besser befestigtes Staatsgefängnis der Monarchie, das dazu diente, unbequeme Untertanen auf Zeit oder dauerhaft wegzuschließen. Die Geschichte prominenter Gefangener reicht vom 15. bis ins 19. Jahrhundert. Hier wurde der erfolgreiche Finanzier Joseph Süß Oppenheimer 1737 nach dem Tod seines Beschützers, des Herzogs Karl Alexander, inhaftiert und in einem Unrechtsprozess zum Tode verurteilt; hier wurde der Dichter C.F. Daniel Schubart ohne jedes Verfahren von Herzog Carl Eugen 1777 bis 1787 weggeschlossen – ein Schicksal, dem Schiller durch die Flucht nach Mannheim entging. Im 19. Jahrhundert war Hohenasperg ein berüchtigtes Gefängnis für Reformer und Demokraten, bevor es die Nationalsozialisten zur Deportation von Sinti und Roma nutzten. Heute kann ein Teil besichtigt werden, ein Teil ist noch Justizvollzugskrankenhaus.

Deutschlands größtes Bodendenkmal

DER GERMANISCH-RÄTISCHE LIMES

Im 2. Jahrhundert n. Chr. erlebte das römische Weltreich seine größte Ausdehnung und auch politisch seine stabilste Zeit. Grund hierfür war das neuartige Konstrukt des Adoptivkaisertums, das bei glücklicher Hand des Herrschers den Besten die Nachfolge ermöglichte. Die fürchterlichen Familienzwistigkeiten der Erbkaiser des 1. Jahrhunderts gehörten damit der Vergangenheit an. Kaisernamen wie Trajan, Hadrian und Antoninus Pius stehen für eine prosperierende Epoche. Sie erkannten sehr pragmatisch, dass die Zeit der ständigen Expansion ihres Reiches abgeschlossen war. Zudem waren an den Grenzen die Widerstände der fremden Stämme nur noch mühsam mit Pyrrhussiegen im Zaum zu halten. Leidvolle Erfahrungen hatten gezeigt, dass beispielsweise in den dunklen Wäldern Germaniens, die Tacitus in seiner »Germania« so treffend beschrieben hatte, – etwas salopp gesagt – kein Blumentopf zu gewinnen war.

Die römischen Kaiser befahlen deshalb eine vorausschauende Sicherung der Grenzen, nun nicht mehr nur mit Kastellen und vorgeschobenen Soldatenlagern, sondern mit Wällen, Palisadenzäunen und im rätischen Teil (von der Schwäbischen Alb Richtung Altmühl) auch Mauern. Der Limes als feste »Grenze« verläuft von Koblenz durch den Westerwald Richtung Taunus, bewegt sich dann nach Norden in einem weiten Bogen um Frankfurt

GERMANISCH-RÄTISCHER LIMES
GESAMTLÄNGE 550 KILOMETER
ERBAUUNGSZEIT
ENDE DES 1. JAHRHUNDERTS BIS
MITTE DES 3. JAHRHUNDERTS
PALISADENZAUN BZW. MAUER-
ANLAGE (IM SÜDOSTEN)
NACHGEWIESEN WURDEN
900 WACHTÜRME UND 120
GRÖSSERE UND KLEINERE
KASTELLE
UNESCO-WELTERBE
SEIT 2005

herum und anschließend sehr gerade bis ins östliche Schwabenland, bevor er über die Alb Richtung Donau ausläuft.

Die Römer berücksichtigten bei der Grenzziehung nur sehr bedingt die natürlichen geografischen Gegebenheiten; gerade in Schwaben wurde eine auf dem Reißbrett festgelegte Planung strikt umgesetzt. An anderen Orten wiederum bezog man sogar das Bodenrelief in die Baupläne ein, insbesondere bei der Positionierung der Wachtürme. Man sollte sich den Limes nicht als unüberwindliche »Festung« denken. Er markierte für diejenigen, die auf der nichtrömischen Seite wohnten, schlichtweg einen regulierten Raum. Die Römer hatten mit dem Limes eine Kontrolle über die Bewegungen potenzieller Gegner sowie den friedlichen Personenverkehr, und trotzdem war der Handel nicht beeinträchtigt. Als im 3. Jahrhundert die germanischen Stämme zu mächtig wurden, nutzte der Limes deshalb auch gar nichts mehr; er war nie gebaut worden, um den Angriff einer Armee abzuwehren, sondern markierte lediglich eine zu respektierende Außengrenze.

Lange Zeit bestimmte die Saalburg das Bild vom Limes. Der Lokalmatador Louis Jacobi grub im Taunus ein Römerkastell aus, das in der letzten Ausbauphase etwa 600 Soldaten aufnahm. Kaiser Wilhelm II. befand sich zu dieser Zeit gerade auf Kur im nahen Bad Homburg und initiierte den Wiederaufbau der Saalburg. Ab 1897 erstand das Kastell wieder neu: Begrenzungsmauer, Prätorium und Mannschaftsunterkünfte wurden im Geist des Historismus errichtet. Die Fantasie ging mit Louis Jacobi allerdings bisweilen durch: So meinte er ein Mithrasheiligtum rekonstruieren zu müssen, obwohl der archäologische Befund aus heutiger Sicht keinen Anlass dafür hergab. Die aktuelle Ausstellung ist sehr viel differenzierter gestaltet, auch wenn – wie bei anderen Limes-Museen auch – oft das ungute Gefühl entsteht, in einem römischen Disneyland herumzuspazieren.

Am schönsten ist es allerdings, den Limes punktuell zu erwandern. Seit der römische Wall UNESCO-Welterbe geworden ist, sind viele neue Wege angelegt worden, die das Landschaftserlebnis mit archäologischen Überraschungen zwanglos verbinden, vom Limeserlebnispfad im Hochtaunus bis ins Altmühltal hinüber. Die Grundmauern einer Therme aufzuspüren oder sich einen steinernen Wehrturm auf Grund der wenigen Steine eines Fundamentes vorzustellen, ist vielleicht nicht gerade zeitgemäß, aber gewinnbringender als die Betrachtung so mancher rekonstruierten Holzpalisade.

EINGANGSDOPPELSEITE, LINKS Die Fremdenverkehrsbehörden haben den Limes für sich entdeckt. Spätestens seit der Aufnahme als UNESCO-Welterbe 2005 sind an vielen Orten kleine Abschnitte des Palisadenzauns oder einzelne Wehrtürme rekonstruiert worden, wie hier bei Höhr-Grenzhausen in der Nähe von Koblenz.

GEGENÜBER Die Saalburg im Hochtaunus ist das wohl bekannteste Bauwerk des römischen Limes. Das ehemalige Grenzkastell wurde um 1900 mit viel Fantasie auf Grund von Bodenfunden komplett neu errichtet. Auch wenn hier einiges historisch schief sein mag, ergibt sich doch ein guter Eindruck von römischer Zweckarchitektur an den Grenzen des Weltreichs. Auf der Abbildung ist die Außenmauer mit dem Haupteingangstor zu sehen.

Der Limes in Bayern

Der rätische Limes ist womöglich der interessanteste Abschnitt der über 500 Kilometer langen Wallanlage. In Weißenburg befindet sich eines der vier offiziellen Dokumentationszentren, die seit 2005 einen exzellenten Überblick geben. Das dortige Römermuseum birgt noch einen besonderen Schatz: Hastig wurden um 240 n. Chr. über 120 Bronzen und Skulpturen vergraben, um diese Schätze verschiedener Heiligtümer bei deren Vorrücken vor den Germanen zu verstecken. 1977 in hervorragendem Zustand wieder aus der Erde geholt, sind die Fundstücke heute ein einzigartiger Schatz des Museums. Hinzu kommt auch in Weißenburg eine weitgehend originale Badeanlage; im Umfeld des Ortes kann der bestens erhaltene Limes mit einigen Kastellen erwandert werden.

Eine romanische Synagoge und der »Heilige Sand«

DAS JUDENVIERTEL IN WORMS

Worms hatte im Mittelalter gemeinsam mit Speyer die bedeutendste jüdische Gemeinde im oberen Rheintal. Noch heute kann kaum eine europäische Stadt – ausgenommen Prag – eine solche Vielfalt an baulichen Zeugnissen einer reichen jüdischen Geschichte und Tradition aufweisen. Die Bedeutung des aschkenasischen Judentums wird vor allem beim Besuch der uralten Synagoge greifbar. Der Männerbau ist ein zweischiffiges Gotteshaus, das im Detail viele Übereinstimmungen mit dem Wormser Dom zeigt. Dass die Steinmetze der Dombauhütte auch hier tätig waren, ist ein Zeichen dafür, welche Anerkennung die jüdischen Gemeinden in der Zeit der salischen Kaiser genossen. Kaiser Heinrich IV. gewährte 1090 das »Wormser Privileg«, das zwar die Juden dem Kaiser unterordnete, ihnen aber einklagbare Rechte einräumte. Diese Privilegien betrafen sowohl Handelsbestimmungen wie auch das Miteinander im privaten wie städtischen Zusammenhang. Die durch Privilegien erreichte Gleichstellung jüdischer Gemeinden blieb allerdings eine fragile Angelegenheit; sie wurde immer wieder von Pogromen durchbrochen. Bereits 1096 kam es zu Ausschreitungen und Ermordungen jüdischer Bürger in Worms in Verbindung mit den Aufregungen rund um die Kreuzzüge; erneute Pogrome folgten nach 1348 im Zusammenhang mit der großen Pest.

SYNAGOGE

BAUBEGINN 1034

WORMSER JUDENPRIVILEG

1090

POGROME

1096 UND NACH 1348
(»PESTPOGROME«)

WIEDERERRICHTET NACH
ZERSTÖRUNGEN 1938 UND 1942

BIS 1961 JÜDISCHES MUSEUM
IM RASCHI-HAUS

ALTER JUDENFRIEDHOF
»HEILIGER SAND«

ÄLTESTE GRABSTÄTTE DES
JAKOB HABACHUR:
1076

GRABMAL DES MEIR BEN
BARUCH VON ROTHENBURG:
1293

EINGANGSDOPPELSEITE, LINKS
Während in späteren Jahrhunderten
Synagogen meist in einem euro-
päisch-arabischen Mischstil errichtet
wurden, war dies in Worms noch
ganz anders: Die romanische Architektur gleicht bis in Details derjenigen des nahen staufischen Kai-
serdoms. Dies lässt auf eine enge
Einbindung der wichtigen jüdischen
Volksgruppe in das städtische
Leben sowie auf kaiserliche Protek-
tion unter den Hohenstaufen
schließen.

VORHERIGE DOPPELSEITE
Der historische jüdische Friedhof
von Worms gilt als der älteste
ganz Europas. Spätestens ab dem
11. Jahrhundert wurden hier jüdische Bürger begraben.

Auch die Wormser Synagoge wurde immer wieder verwüstet und neu errichtet. Dies muss man sich vor Augen halten, wenn man den Männerbau und den spätromanischen Frauenbau betritt. Die Ausstattung ist überwiegend barock oder nach dem Wiederaufbau wieder zusammengestellt, allein die wunderschönen Kapitelle sowie Teile des aufgehenden Mauerwerks konnten bei den Zerstörungen gerettet werden. Die sehr schöne Mikhwa, das ehemalige Frauenbad, überstand als einziger Teil des Ensembles die Brandanschläge 1938 und die nachfolgende Sprengung der Ruine durch die Nazis 1942. Nach dem Zweiten Weltkrieg wurde der einzigartige Gebäudekomplex umfassend restauriert, auch die angeschlossene Talmudschule, in der einer der berühmtesten Kommentatoren, Rabbi Schlomo ben Jizchack, ab 1055 tätig war. Unter dem Kurznamen Raschi bekannt, gehörte er zu den einflussreichsten Talmudisten des gesamten Mittelalters. Heute wird die Synagoge von der Mainzer Jüdischen Gemeinde gepflegt und genutzt. Ein Brandanschlag auf das ehrwürdige Gebäude im Jahr 2010 hinterließ zwar nur Narben am Äußeren, zeigt aber weiterhin die Gefährdung des lebendigen jüdischen Erbes in Deutschland.

Worms hat außerhalb des ehemaligen Judenviertels noch eine andere Kostbarkeit zu bieten: Der Alte Jüdische Friedhof, der als »Heiliger Sand« bekannt ist, gehört zu den schönsten Begräbnisplätzen des europäischen Judentums. Die ältesten Grabsteine stammen noch aus dem Mittelalter, darunter der des 1293 verstorbenen Gelehrten Meir ben Baruch von Rothenburg, der anlässlich der Thoraverbrennungen in Paris 1242 ein Klagelied verfasste, das heute noch angestimmt wird.

Martin Buber widmete dem »Heiligen Sand« zu Worms 1933 einige schöne Zeilen: »Ich umwandle schauend den Dom mit einer vollkommenen Freude. Dann gehe ich zum jüdischen Friedhof hinüber. Der besteht aus schiefen, zerspellten, formlosen, richtungslosen Steinen. Ich stelle mich darein, blicke von diesem Friedhofgewirr zu der herrlichen Harmonie empor, und mir ist, als sähe ich von Israel zur Kirche auf.« Dieser Buber-Blick zum romanischen Kaiserdom hinüber ist auch heute noch zu genießen. Er suggeriert allerdings eine Übereinstimmung und Harmonie beider Religionen, die auch zu den besten Zeiten des Wormser Judentums nie dauerhaft existierte. Wenn es so etwas wie gleichberechtigtes Miteinander überhaupt in Europa gegeben hat, dann war dies nicht im Heiligen Römischen Reich, sondern unter arabischer Herrschaft in Südspanien, vom 8. bis ins 11. Jahrhundert hinein. Die Spanier nennen dieses historische Miteinander »convivencia«, »Zusammenleben«, ein Wort, das es auch heute wieder mit Bedeutung zu füllen gilt.

Die Kaiserdome am Rhein

Von Worms aus bietet sich eine Tour zu den romanischen Kaiserdomen an. In der Stadt selbst steht der kleinste der stolzen Reihe. Doch ist der Dom zu Worms vielleicht der architektonisch abwechslungsreichste, weil sich Spätromanik hier bereits mit frühgotischen Elementen schmuckreich mischt. Der Mainzer Dom imponiert als einzigartiges Museum der Sepulkralkultur – nirgendwo sonst gibt es eindrucksvollere Bischofsgräber in Deutschland! Als Ort der Geschichte ist selbstverständlich der Dom zu Speyer der bedeutendste Kathedralbau. Hier imponiert nicht nur die riesenhafte Größe im Innenraum wie im stolz aufragenden Außenbau. In der Krypta sind zudem die meisten Kaiser des 11. Jahrhunderts begraben worden.

Krönungsort der Kaiser und das erste deutsche Parlament

FRANKFURT AM MAIN

Frankfurt am Main gilt heutzutage den meisten als Bankenmetropole »Mainhattan«, und im Zusammenhang mit der Stadt fallen einem der Flughafen, vielleicht noch die Buchmesse, Goethe, Grüne Soße und Äppelwoi ein. Dass Frankfurt einmal als Freie Reichs- und Messestadt eine wesentliche Rolle für die deutsche Geschichte gespielt hat, tritt demgegenüber in den Hintergrund. Dies liegt auch daran, dass der Dom zwischen den Wolkenkratzern fast zu einer Marginalie des modernen Stadtbilds verkümmert ist, der Römer lediglich dann in das Bewusstkeit der Öffentlichkeit tritt, wenn sich hier Sportler nach gewonnenen Wettkämpfen präsentieren, und die Paulskirche eigenartig gesichtslos zwischen einer vierspurigen Stadtdurchführung und einer gesichtslosen Fußgängerzone liegt.

Welche Bedeutung Frankfurt für die deutsche Reichsgeschichte hatte, zeigt sich daran, dass hier bereits im hohen Mittelalter die Könige des Heiligen Römischen Reiches gewählt wurden. Der »Sachsenspiegel« lässt bereits um 1275 verlauten: »Alse man den kiunig kiesen will, daz sol man tuen ze frankenfurt.« Die »Goldene Bulle« Kaiser Karls IV. regelte 1356 die Königswahl bis ins Detail. Ab diesem Zeitpunkt bestimmten die sieben Kurfürsten den neuen Monarchen an dem rechtmäßigen Wahlort Frankfurt. Hierfür war vor allem die günstige geografische Mittellage der Stadt

FRANKFURTER DOM
ST. BARTHOLOMÄUS

HAUPTBAUZEIT IM 14. JAHR-
HUNDERT

MASSWERKTURM

AB 1415 NACH BAURISS VON
MADERN GERTHENER

KRÖNUNGSORT DER DEUTSCHEN
KÖNIGE

VON 1562–1792

PAULSKIRCHE

BAUZEIT VON 1789–1833

ERSTES DEUTSCHES PARLAMENT

VEREINFACHTER WIEDERAUFBAU

1947/48 DURCH RUDOLF
SCHWARZ

WANDGEMÄLDE IM UNTER-
GESCHOSS

»DER ZUG DER VOLKSVERTRETER
ZUR PAULSKIRCHE« VON
JOHANNES GRÜTZKE 1991

EINGANGSDOPPELSEITE, LINKS,
UND FOLGENDE DOPPELSEITE
Seit vierzig Jahren wird die Frankfurter Skyline in zunehmendem
Maß von Wolkenkratzern bestimmt,
die vor allem im Bankenviertel
westlich der Innenstadt gebaut wurden. Der gotische Turm des Doms
blieb allerdings eines der historischen Wahrzeichen der Stadt und
kontrastiert reizvoll mit den modernen Hochhausbauten.
GEGENÜBER Das Innere des Frankfurter Doms macht einen erstaunlich
weiträumigen Eindruck. Dies wird
zum einen durch die Form der Hallenkirche erreicht, zum anderen
über die weit ausladenden Querhäu-
ser. Ziel der Baumeister war es,
möglichst vielen Gästen eine gute
Sicht auf die rituellen Abläufe der
Kaiserwahl zu ermöglichen, die
rechts vom Chor in der kleinen Wahlkapelle (auf dem Foto der Eingang
von einem Pfeiler verdeckt) statt-
fand.

verantwortlich. Die drei geistlichen Kurfürsten, die Erzbischöfe von Köln, Mainz und Trier, konnten vergleichsweise bequem anreisen. Darüber hinaus verfügte Frankfurt – darin nur Leipzig vergleichbar – als Messestadt über eine für die Zeit exzellente Infrastruktur von Gasthöfen, Herbergen und Versammlungsorten, um die vielen Gäste anlässlich der Wahl und ab 1562 auch Krönung des Königs oder Kaisers aufzunehmen. Goethe berichtete in »Dichtung und Wahrheit« anschaulich von dem Massenauflauf in der Stadt. Mozart reiste 1790 mit eigener Kutsche und Diener nach Frankfurt, um sich dem neuen Kaiser Leopold II. ins Gedächtnis zu rufen. Er schilderte allerdings frustriert, dass die wichtigen Gäste mit Manövern, Diners und anderen Dingen beschäftigt waren und kaum Interesse zeigten, den Komponisten kennenzulernen. Die Wahl der Könige fand traditionell in der Wahlkapelle des Frankfurter »Doms« St. Bartholomäus statt, einem kleinen Raum südlich des Chores der Kirche, die nie Bischofssitz war. Das ganze Wahlritual wie auch die Königs- und Kaiserkrönungen waren bis in den letzten Handgriff ritualisiert und vorgeschrieben. Von der ersten Krönung 1562 (Maximilian II.) bis zur letzten 1792 (Franz II.) änderte sich kaum etwas an den Abläufen. Aachen, die traditionelle Krönungsstadt, wurde also zu diesem Zweck nicht mehr aufgesucht, einfach weil es keinen Sinn ergab, Wahl und Krönung nicht in einem Festakt zusammenzulegen. Der Papst hatte ohnehin lange seine Rolle bei den Krönungen verloren.

Mag der Frankfurter Dom auch nicht zu den größten und schönsten gotischen Kirchen Deutschlands gehören, er war als Hallenkirche mit weit ausladendem Querhaus in besonderer Weise dazu geeignet, der großen Menge von Zuschauern einen guten Blick auf das Zeremoniell zu ermöglichen. Nach der Krönung fand traditionell das Festmahl wiederum nach streng vorgegebenen Abläufen im Kaisersaal des Römers statt. Vorher wurde ein Ochse auf dem Vorplatz gebraten, Hafer wurde überreicht und Weiß- wie Rotwein sprudelten aus einem Brunnen. Nachdem man dem Kaiser seinen Anteil überreicht hatte, durfte sich das Volk über die Reste hermachen. Hierbei kam es regelmäßig zu heftigen Rangeleien und Handgreiflichkeiten, die noch Goethe sehr schön beschrieb.

Etwas mehr als fünfzig Jahre später wurde Frankfurt zur Wiege der deutschen Demokratie. Als Versammlungsort des ersten frei gewählten

Parlaments auf deutschem Boden wählte man die Paulskirche hinter dem Römer aus. Dies hatte pragmatische Gründe: Die Kirche war noch neu, kaum in ihrer eigentlichen Funktion benutzt und nicht mit Traditionen vorbelastet. Außerdem konnte der Zentralbau mit wenigen Umbaumaßnahmen in einen Parlamentssaal umgewandelt werden: Der Altar war rasch weggeräumt, die Orgel verdeckt, und Fahnen in den Farben Schwarz-Rot-Gold schmückten Wände und Fenster. Es gab sogar eine Zentralheizung und Gaslampen. Nach vorbereitenden Sitzungen des Vorparlaments, das die Wahl regelte, wurde die Nationalversammlung, das »Paulskirchenparlament«, am 18. Mai 1848 feierlich eröffnet. Die größte Errungenschaft der Nationalversammlung war die Verabschiedung einer Reichsverfassung am

28. März 1849. Danach ging es mit der Demokratiebewegung rasch bergab. Die revolutionären Unruhen in den deutschen Ländern wurden sukzessive niedergeschlagen. Friedrich Wilhelm IV. von Preußen lehnte die ihm vom Parlament noch am 3. April 1849 angebotene Kaiserkrone unter Hinweis auf das Gottesgnadentum der Monarchie ab. Damit war das demokratische Experiment gescheitert. Die österreichischen und preußischen Abgeordneten legten zuerst ihre Mandate nieder, und in der Folge fiel die Nationalversammlung auseinander. Ein nicht mehr legitimiertes Rumpfparlament zog am 31. Mai 1849 aus der Paulskirche nach Stuttgart um, wo es rasch vom Lauf der Geschichte eingeholt wurde.

Seit dem Wiederaufbau nach dem Krieg wird die Paulskirche als Gedenkort der Demokratie gepflegt. Im Untergeschoss ist zu den Ereignissen 1848/49 eine Ausstellung eingerichtet worden. Für besondere Anlässe und Preisverleihungen stellt der Raum einen würdigen Rahmen dar; der Friedenspreis des Deutschen Buchhandels wird alljährlich hier verliehen.

GEGENÜBER Das Innere der Paulskirche ist heute einer der vornehmsten Festorte der Bundesrepublik. Bei Preisverleihungen und anderen offiziellen Anlässen steht immer auch die Geschichte des Raumes im Hintergrund, der als Sitzungssaal der ersten frei gewählten deutschen Nationalversammlung in den Jahren 1848/49 genutzt wurde.

Das Hambacher Fest

Im Jahr 1832 wurde von Philipp Jakob Siebenpfeiffer und Johann Georg A. Wirth der »Deutsche Preß- und Vaterlandsverein« gegründet. Die Pfalz hatte während der französischen Besatzung die Errungenschaften der Revolution erfahren dürfen. Nach der Rückgabe an Bayern 1816 war die Unzufriedenheit mit den deutschen Verhältnissen gewachsen. Weil es keine Demonstrationsfreiheit gab, lud der Verein vom 27. bis 30. Mai 1832 zu einem »Volksfest« nach Neustadt a.d. Weinstraße ein. 30.000 Teilnehmer aus allen Gesellschaftsschichten kamen und wanderten gemeinsam zur Ruine des Hambacher Schlosses hinauf. In den Reden wurde ein neuer deutscher Patriotismus im europäischen Kontext beschworen, dazu Presse-, Versammlungs- und Redefreiheit gefeiert. Die Schlagwörter waren: »Vaterland – Volkshoheit – Völkerbund«. Zum ersten Mal wurde die deutsche Nationalfahne in den Farben Schwarz-Rot-Gold in breitem Umfang von den Demonstranten mitgeführt. Auch wenn die Aufbruchsstimmung in der Folge rasch unterdrückt wurde, war das Hambacher Fest doch eine wesentliche Voraussetzung für die revolutionären Ereignisse von 1848/49.

Römische Metropole an der Mosel

DIE PORTA NIGRA UND PALASTAULA IN TRIER

Trier, das um 15 v. Chr. gegründete Augusta Treverorum, war über Jahrhunderte die bei Weitem wichtigste Römerstadt auf deutschem Boden. Mögen auch in Köln und Mainz bei Ausgrabungen wesentliche Funde gemacht worden sein, die politische Rolle Triers und die archäologische Bedeutung seiner Monumente sind höher zu bewerten. Dies schlägt sich bereits in der Ausdehnung der römischen Stadt nieder: 285 Hektar Grundfläche gegenüber knapp 90 Hektar in Colonia Agrippina, dem antiken Köln. Trier hatte für die Römer eine exzellente geografische Lage: weit genug weg von den lästigen Germanen, nahe genug am bereits befriedeten Gallien. Insofern war es logisch, von hier aus frühzeitig Gallia Belgica zu verwalten und ab 318 die Präfektur von ganz Gallien an die Mosel zu verlegen. Diese bereits bedeutende Rolle der Verwaltungsstadt mochte auch ein Anstoß gewesen sein, hier im Rahmen der Verwaltungsreform Kaiser Diokletians einen der beiden Caesaren residieren zu lassen, der im Rahmen des Tetrarchats den beiden Augusti untergeordnet war. Die Bedeutung Triers wuchs noch unter Kaiser Konstantin und seinen Nachfolgern. Konstantins Mutter Helena ließ eine riesige Doppelkirchenanlage bauen, deren antike Mauern im sehr viel kleineren, wenngleich immer noch imposanten romanischen Dom verbaut wurden und heute noch den Charakter dieser Kirche prägen.

TRIER ALS AUGUSTA TREVERORUM
EINE DER HAUPTSTÄDTE DES
RÖMISCHEN WELTREICHS
293–392
PORTA NIGRA
UM 180
UMBAU IN EINE STIFTSKIRCHE
1037–1042
MASSE
36 METER LÄNGE, 23 METER
BREITE UND 30 METER HÖHE
BASILIKA
UM 305 ALS PALASTAULA
ERRICHTET
MASSE
67 METER LÄNGE, 28 METER
BREITE UND 30 METER HÖHE

Das bekannteste Römerbauwerk Triers, und eine Ikone der römischen Baukunst schlechthin, stammt aus einer früheren Phase der Stadtgeschichte: Im
späten 2. Jahrhundert wurde die Porta Nigra als eines von vier Stadttoren
errichtet. Der weiße Kalkstein oxidierte im Lauf der Jahrhunderte, weshalb
das »Schwarze Tor« seine heutige Farbe annahm. Es ist ein typisch römi-
sches Bauwerk, gerade auch im Ausgleich von Monumentalität, Schmuck-
freude und imperialer Eleganz. Die Außenfront ist nie ganz vollendet worden, weil ein Barbareneinfall den hastigen Abbau der Gerüste am unvollen-
deten Gebäude erforderte. Aber auch so ist die Porta Nigra mit ihren Fens-

teröffnungen und den beiden halbrunden Türmen ein imposanter Anblick. Wie üblich wurden die Quader des massiven Steinbaus nur von Klammern zusammengehalten. »Mauerspechte« der Völkerwanderungszeit und des frühen Mittelalters stahlen die wertvollen Eisenklammern und pickten dabei die Steinc an.

Im Mittelalter musste diese riesenhafte Steinburg wie ein Ort aus mythischer Vorzeit wirken. Der heilige Simeon ließ sich als Einsiedler in einem der Türme nieder, und nach dem Tod des verehrten Mannes ließ Erzbischof Poppo 1037 bis 1043 eine Kirche in das römische Stadttor einbauen – ähnlich wie auch die Basilika Helenas von ihm zum Dom umgebaut wurde. Im 19. Jahrhundert gefiel eine solche Nutzung nicht mehr, man wollte die Porta Nigra als Denkmal freigestellt wissen und entfernte die romanische Kirche bis auf wenige Reste.

EINGANGSDOPPELSEITE, LINKS, UND VORHERIGE DOPPELSEITE Die Porta Nigra ist eines der bekanntesten römischen Gebäude Europas, darüber hinaus das prächtigste Stadttor, das sich erhalten hat. Überraschend ist die Aufnahme des Torhofs im Inneren. Dort baute man in der Romanik eine Kirche ein, die allerdings im 19. Jahrhundert dem Purismus der Historiker zum Opfer fiel und abgerissen wurde. Der Ansatz des Dachstuhls kann noch erahnt werden.
GEGENÜBER Die »Basilika«, als Palastaula in konstantinischer Zeit errichtet, zählt auch in ihrer aller Dekoration beraubten Form zu den eindrucksvollsten römischen Innenräumen.

Der größte Palastraum der Römerzeit

Neben diesem bekanntesten Bauwerk der römischen Geschichte in Deutschland haben es andere architektonische Höhepunkte Triers schwer, etwa die recht gut erhaltenen Barbarathermen oder die Reste der von Konstantin errichteten sogenannten Kaiserthermen – immerhin die drittgrößte Badeanlage, die jemals im Römischen Weltreich entstanden ist. Ein unbedingtes Muss ist jedoch die »Basilika«, ursprünglich von Konstantin als Empfangsraum des kaiserlichen Palastes errichtet. Im 19. Jahrhundert wurde der riesenhafte Baukörper kräftig restauriert und im klassizistischen Stil geschmückt. Hier hatten die Kriegszerstörungen des letzten Weltkriegs vielleicht einmal einen positiven Effekt: Die Ruine wurde unter Verzicht auf die Veränderungen des Historismus wieder aufgebaut. Der Innenraum der heute als evangelische Kirche genutzten Aula erscheint so nur in seinen gigantischen Ausmessungen und dem unverkleideten Backstein seiner von riesigen Fenstern durchbrochenen Wände. Die perfekten Proportionen wirken ganz aus sich heraus auf den Besucher. Die Trierer Palastaula des frühen 4. Jahrhunderts ist nach dem knapp 200 Jahre älteren Pantheon in Rom immer noch der eindrucksvollste Ort in Europa, an dem sich das Raumgefühl solcher imperialer Anlagen nacherleben lässt. Die ursprünglich spätantik-buntfarbige Verkleidung mit Marmor, Porphyr und anderen wertvollen Steinen muss man sich allerdings hinzudenken.

Refugium eines Ausnahmepolitikers

DIE KONRAD-ADENAUER-GEDENKSTÄTTE IN RHÖNDORF BEI BONN

Dem politischen Erbe Konrad Adenauers (1876–1967) wird nach den dramatischen Ereignissen seit 1989 weniger Aufmerksamkeit gewidmet als dem Helmut Kohls, und er scheint im Bewusstsein der Öffentlichkeit hinter politischen Persönlichkeiten wie Willy Brandt oder Helmut Schmidt zurückgetreten zu sein. Es ist sogar so, dass sich kritische Stimmen mehren, die die Jahre des Wirtschaftswunders als moralisch spießig und in dem Fortwirken nationalsozialistischer Persönlichkeiten auch als gefährlich einschätzen. Man muss sich allerdings vor Augen halten, dass Konrad Adenauer nach 1945 einer der ganz wenigen charismatischen wie visionären Politiker war, die ohne jede Konzession an die Diktatur der Nazis die Zeit von 1933 bis 1945 durchlebt haben. Zudem hatte er als Kölner Oberbürgermeister bis zu seinem unfreiwilligen Ausscheiden aus dem Amt 1933 in den Jahren seit 1917 gegen alle Widerstände schier Unglaubliches für die Domstadt bewirkt, von dem die Kölner heute noch zehren, so etwa die Anlage des Grüngürtels, der Neubau der Universität, des Müngersdorfer Stadions, die Anlage des Messegeländes auf der Deutzer Seite – um nur einige seiner städteplanerischen Initiativen zu benennen.

Nach 1933 flüchtete sich der Zentrumspolitiker und ehemalige Präsident des Preußischen Staatsrats zunächst ins Kloster Maria Laach, baute

BAU DES HAUSES IN RHÖNDORF DURCH KONRAD ADENAUER

1937

WOHNORT BIS ZUM TOD DES POLITIKERS

1967

ORT DER »RHÖNDORFER KONFERENZ«

21. AUGUST 1949

GEDENKSTÄTTE DER STIFTUNG KONRAD-ADENAUER-HAUS

SEIT 1978

NEUE DAUERAUSSTELLUNG ZUM LEBEN UND WIRKEN DES POLITIKERS

1997

sich aber später mit seiner zweiten Ehefrau das Haus in Rhöndorf, um dann nach den Ereignissen des 20. Juli 1944, an denen er nicht beteiligt war, einige Monate in Kerkerhaft zu überleben. Nach dem Krieg von den Amerikanern erneut zum Oberbürgermeister Kölns ernannt, von den Briten aber bald wieder aus dem Amt gedrängt, gehörte schon einiger Idealismus und Mut für einen über siebzig Jahre alten Politiker dazu, sich noch einmal mit allem Elan auf der großen politischen Bühne zu engagieren. Viele seiner politischen Handlungen wurden im Rhöndorfer Haus geplant. Die Vorgespräche zur Regierungsbildung 1949 mit Adenauer als Bundeskanzler und Theodor Heuss als Bundespräsidenten haben als »Rhöndorfer Konferenz« Geschichte gemacht.

Wenn man zwei Dinge aus der Vielzahl von Adenauers Leistungen herausheben muss, dann erstens seinen Einsatz bei der Formulierung des Grundgesetzes 1948, das er als Vorsitzender des Parlamentarischen Rates entscheidend mitprägte, und zweitens auf internationaler Ebene die Annä-

herung der im Ausland kritisch beäugten Bundesrepublik an die Nachbarländer, allen voran Frankreich. Charles de Gaulle war zweimal in Rhöndorf
eingeladen und erwiderte damit Besuche Adenauers in seinem Wohnort in
der Champagne. Letztlich gelang Adenauer als Bundeskanzler die wirtschaftliche Stabilisierung und Wiedereingliederung Westdeutschlands in
die Staatengemeinschaft.

Dies kann in der exzellenten Dauerausstellung neben dem Wohnhaus
im Detail studiert werden. Die Überraschung ist jedoch das Wohnhaus
selbst. Es ist nicht kleinkariert, aber auch nicht großspurig; nicht spießig,
aber vermeidet jede mondäne Allüre. Man könnte das Adenauerhaus als
durch und durch kommod beschreiben, als behaglichen Rückzugsort eines
Ausnahmepolitikers in der schwierigen Zeit nach 1937 genauso wie als
Ruhepol in der späten politischen Funktion als Bundeskanzler. Besonders
schön geriet der Terrassengarten, den sich Adenauer an einem Südhang mit
Anklängen an sein liebstes Feriendomizil am Comer See mit mediterranen
Akzenten anlegen ließ – inklusive einer Bocciabahn.

Der Regierungsbunker für den Ernstfall

In den Hängen oberhalb des Ahrtals wurde, ausgehend von einem Eisenbahntunnel, in den Jahren
1960 bis 1972 ein mehr als siebzehn Kilometer langes Tunnelsystem angelegt. Dort sollten im ato-
maren Ernstfall etwa 3.000 Personen, darunter Bundespräsident, Bundeskanzler und diverse Minister und Militärs, die Regierungsfähigkeit sichern. Die Stollenanlage verfügte über 897 Büros und
936 Schlafräume. Mit eigenen Tiefbrunnen und komplexen Belüftungssystemen war der »Regierungsbunker« für einen Aufenthalt von maximal dreißig Tagen ausgelegt. Die DDR war über einen
als Handwerker eingeschleusten Spion minutiös über das Bauvorhaben unterrichtet. 1997 wurde
der Bunker aufgegeben und aus Umweltschutzgründen fast vollständig entkernt. Auch finanziell
war das Projekt nicht mehr tragbar, verschlang doch alleine die jährliche Instandhaltung zwanzig
Millionen DM. Vor allem aber erwies sich der Bunker auch militärisch kaum mehr als zeitgemäß.
Ein gut 200 Meter langer Abschnitt wurde museal erhalten und kann heute als »Dokumentationsstätte
Regierungsbunker« im Kuxberg bei Ahrweiler besichtigt werden – ein einmaliges Baudenkmal
des Kalten Krieges.

Eine Republik erfindet sich selbst

DER SITZ DES BUNDESKANZLERS IN BONN

Als Bonn zum Regierungssitz der Bundesrepublik bestimmt war, musste sich die alte Residenzstadt neu erfinden. Die Regierungsgebäude spiegeln anschaulich das sich wandelnde Selbstverständnis der Republik. Die kurfürstlichen Gebäude im Zentrum, so das Bonner Schloss oder die Residenz in Poppelsdorf, eigneten sich aus politischen Überlegungen nicht als Regierungssitz, denn man fürchtete jegliche Bezüge zum Absolutismus. Mit der Wahl des Palais Schaumburg als Dienstsitz des Bundeskanzlers ging Adenauer einen Mittelweg: Das Gebäude war repräsentativ, aber bescheiden genug, um klarzustellen, dass von hier keine neuen deutschen Großmachtgelüste ausgehen würden. Wenn man die Innenräume heute anschaut, ist der unentschiedene Spagat zwischen Tradition und Fortschritt spürbar, etwa bei den Stilmöbeln im Arbeitszimmer des Kanzlers. Adenauers Wohnhaus in Rhöndorf wirkt da entschiedener und authentischer!

Der Bau des Kanzlerbungalows als Wohngebäude im Garten nebenan bedeutete einen Sprung in die Moderne. Der Architekt Sep Ruf nahm ganz bewusst Bezug auf die Vorkriegsmoderne. Anklänge an Mies van der Rohes Deutschen Pavillon der Weltausstellung von Barcelona 1929 sind spürbar. Die Innenraumgestaltung ist weitgehend flexibel, Glasfronten verbinden Innen und Außen miteinander. Für Adenauer war der Bungalow, den sein

PALAIS SCHAUMBURG

ERBAUT 1858–1860 VOM TUCH-
FABRIKANTEN ALOYS KNOPPS,
ERWEITERT ALS WOHNSITZ DES
PRINZEN ADOLF ZU SCHAUM-
BURG-LIPPE

EINZUG DES BUNDESKANZLERS

25. NOVEMBER 1949, SEIT 1999
ZWEITER DIENSTSITZ

KANZLERBUNGALOW

ERBAUT 1963–1966

ARCHITEKT

SEP RUF

BUNDESKANZLERAMT

ERBAUT 1974–1976 DURCH
PLANUNGSGRUPPE STIELDORF

Nachfolger Ludwig Erhard in Auftrag gegeben hatte, ein Gräuel. Von ihm wird der Satz kolportiert: »Ich weiß nicht, welcher Architekt den Bungalow gebaut hat, aber er verdient zehn Jahre!« Wenn man die bequeme Wohnlichkeit des Adenauer`schen Wohnhauses in Rhöndorf mit dem Neubau des Nachfolgers vergleicht, wird die Signalwirkung der neuen, weltoffenen wie bürgernahen Architektur plausibel. Der Bundeskanzler verstand sich nun als ein Vertreter einer zeitlosen Moderne, der die Zeit von 1933 bis 1945 vergessen machen wollte und an die Zukunft des Wirtschaftswunderlandes dachte. Willy Brandt nutzte den Bungalow selten, Helmut Schmidt hat hier gewohnt, am längsten jedoch Helmut Kohl: Von 1982 bis 1999 nutzte er das Gebäude als Bonner Domizil. Er fühlte sich hier sichtlich wohl, dekorierte häufig um und adaptierte die offenen Wohnlösungen der 1960er-Jahre an seinen etwas konservativeren Geschmack. Teppiche wurden ausgelegt, Wände teilweise mit Textilien bespannt. Heute wird der Kanzlerbungalow vom Haus der Deutschen Geschichte betreut und kann im Rahmen von Führungen besichtigt werden – eine spannende Zeitreise in die deutsche Wohnkultur und die deutsche Geschichte gleichermaßen.

Als letztes Gebäude kam in den 1970er-Jahren der Neubau des Kanzleramts hinzu. Das Palais Schaumburg war zu klein geworden, außerdem nicht mehr praktikabel. Der Neubau ist als »Sparkassen-Architektur« viel gescholten

EINGANGSDOPPELSEITE, LINKS, GEGENÜBER UND UNTEN Der 1963 bis 1966 errichtete Kanzlerbungalow steht wie kein anderes Gebäude der Bonner Republik für den Anschluss an die Architektur der Moderne: Glas, lichte Innenräume, eine unaufdringliche, quasi zeitlose klassisch-moderne Möbelauswahl wirken in diesem Gesamtkunstwerk zusammen. Von Ludwig Erhard bis zu Helmut Kohl wurde der Bungalow fast durchgehend als Wohnort des Bundeskanzlers genutzt. Heute kann er besichtigt werden.

worden. In der Tat ähnelt die Architektur in vielem den belanglosen Büro-
kästen, die in diesen Jahren quer durch die Republik gebaut wurden. Pragmatisch ging es aber um Platz und Funktionalität, und vor allem auch um
Sicherheit in den Jahren des Terrorismus und des späten Kalten Krieges.
Zwei Atombunker im Untergeschoss trugen dem Rechnung. Wer erinnert
sich nicht an die zahllosen Auftritte der Fernsehjournalisten vor dem massiven Stahlzaun oder der Sicherheitsschleuse des Pförtnerhauses. Helmut
Schmidt versuchte die nüchterne Wirkung zu mildern, indem er 1979 die
große Bronzeskulptur Henry Moores auf dem Rasen davor aufstellen ließ:
»Two Large Forms« bot nun immerhin mit den dynamischen Körpern einen

Kontrast zu dem Kastenbau dahinter. Mit der Kopfplastik Adenauers (Hubertus von Pilgrim, 1982) auf dem Vorplatz entsprach das architektonisch wenig aufregende, aber effiziente Kanzleramt bis zum Fall der Mauer 1989 genau dem Charakter der Bonner Politik. Hier schließt sich die Linie von Gebäuden, die bei aller Verschiedenheit ein gemeinsamer Nenner zusammenhält: konzentriertes Regieren mit sympathischem Understatement. Auch nach dem Umzug der Regierung nach Berlin wird das Gebäude genutzt – als Bonner Sitz des Bundesministeriums für Wirtschaftliche Zusammenarbeit.

GEGENÜBER

Der von Behnisch & Partner 1988 bis 1992 neu errichtete Plenarsaal des Bundestags geriet zu einer sprechenden Architektur der Demokratie: Über Glaswände mit der Außenwelt verbunden, ermöglicht die kreisförmige Anordnung der Sitze eine Konzentration auf die Parlamentsdebatten – und stärkt doch gleichzeitig das Gefühl des Miteinanders der Parteien in der demokratischen Meinungsbildung und Gesetzgebung.

Spaziergang im Regierungsviertel

Auch das Bundeshaus und der deutsche Bundestag haben eine bewegte Architekturgeschichte. Noch 1988 bis 1992 entwarfen Behnisch und Partner den Neubau des Plenarsaals, eine ausgesprochen luftige und offene Architektur, auf die auch Norman Foster bei seiner Umgestaltung des Berliner Reichstags in Einzelheiten zurückgriff. Während der Bauzeit hatte der Bundestag im Alten Wasserwerk nebenan getagt, einem kuriosen Provisorium. Behnischs Architektur ist in ihrer vom Glas bestimmten Gestaltung ein weiterer Schritt in Richtung Gegenwart. Man kann spekulieren, dass, hätte es die Wiedervereinigung nicht gegeben, alle Beteiligten auch heute noch sehr gut mit diesem Parlamentsgebäude leben könnten!

In nächster Nähe kann das Haus der Geschichte der Bundesrepublik Deutschland besucht werden, ein 1985 von Ingeborg und Hartmut Rüdiger entworfener Bau an der Bonner Museumsmeile. Es zeigt die nicht immer unumstrittene, aber weitgehend komplette Dauerausstellung zur deutschen Zeitgeschichte ab 1945.

Ein Bürgerschloss für Alfred Krupp

DIE VILLA HÜGEL IN ESSEN

BAUZEIT

1870–1872

VERSCHIEDENE ARCHITEKTEN
UND BAULEITER NACH IDEEN
VON ALFRED KRUPP
269 RÄUME, 8.100 QUADRAT-
METER WOHNFLÄCHE,
28 HEKTAR PARK

AUSGESTALTUNG DES INNEREN
UNTER FRIEDRICH ALFRED KRUPP

BIS 1902

WOHNSITZ DER FAMILIE

BIS 1945

ERSTE KUNSTAUSSTELLUNG

1953

SITZ DER ALFRIED KRUPP
VON BOHLEN UND HALBACH-
STIFTUNG

SEIT 1968

Alfred Krupp (1812–1887) bestimmte mit seinen Eisen- und Stahlwerken wie kein anderer Unternehmer die Gründerzeit. Er vollzog einen kometenhaften Aufstieg mit der raffinierten Produktion von stählernen Radreifen für Eisenbahnen auf der ganzen Welt und stieg dann nach 1860 verstärkt in die Rüstungsindustrie ein. Seine stählernen Geschütze waren den Bronzerohren traditioneller Bauart weit überlegen und ein Grund für den raschen Sieg der deutschen Truppen gegen Frankreich 1870/71. Krupp verstand sich als bürgerlicher Großindustrieller, der seinen Arbeitern viele Vergünstigungen zukommen ließ, dafür aber auch unbedingte Gefolgschaft erwartete. Auf einen Generalstreik 1871 antwortete er 1872 mit einem »Generalregulativ«, einer Betriebsverordnung in 72 Paragrafen, die als Handlungsanweisung und Leitfaden des Unternehmens bis 1967 Bestand hatte. Krupp war eine schillernde Persönlichkeit: Manische Arbeitsphasen wechselten sich mit Episoden der absoluten Untätigkeit und des Rückzugs ab. Er liebäugelte nie mit dem Adelsstand, sondern beäugte diesen kritisch aus der Distanz. Als ihm ein adliger Architekt als Bauleiter für die Villa Hügel vorgeschlagen wurde, lehnte er diesen allein wegen seines noblen Titels ab.

Die Villa Hügel in Essen-Bredeney, heute im grünen Süden der Stadt mit Blick über den später angelegten Baldeney-See wunderschön in einem Park

gelegen, wurde in Krupps letzten dreißig Lebensjahren zu seinem Lieb-
lingsprojekt. Er hatte das riesige Grundstück bereits Jahre zuvor gekauft
und ein bestehendes Haus umbauen lassen. Die Idee eines Fabrikanten, den
Familiensitz nicht mehr in unmittelbarer Nähe des Industriebetriebs, sondern abgelegen vor den Toren der Stadt zu errichten, war eine kühne Neue-
rung. Krupp schwebte nun Großes vor: Er plante ein repräsentatives Anwesen von schlossartigen Ausmaßen, das von außen durchaus mit den
Country Houses des von ihm verehrten England konkurrieren, innen jedoch mit den neuesten Errungenschaften der Technik ausgestattet sein
sollte. Die riesige »Villa« Hügel wirkt ein bisschen so, als habe Krupp den
verschmähten Adelstitel umso mehr mit dem Bau seines Familiensitzes
wettmachen wollen. Es ist das Schloss eines bürgerlichen Industriellen
geworden.

Einen Architekten zu benennen, ist fast unmöglich. Krupp verschliss im
Laufe der Bauzeit mehr als eine Handvoll Bauleiter, seine eigenen Ideen
und Terminpläne setzte er ohne Rücksicht auf die Eitelkeiten anderer

durch. Bereits bei den Vorplanungen hatte Krupp an einen der – später geschassten – Architekten, Gustav Kraemer, im Oktober 1869 geschrieben: »Wenn es auch nicht in Berlin ist, so wird der Rest des großen civilisierten Erdballs doch wohl einen Dirigenten der praktischen Arbeit liefern, wie wir ihn brauchen ... An Größen und Lagen, so wie Verbindungen der Räume und an Lage der Gebäude will ich nichts ändern lassen, denn ich will das Ganze nach meinen Begriffen wie Comfort und Annehmlichkeit ausgeführt haben und dies kann nur hier unter meinen Augen bei täglicher Besprechung gelingen.«

Die Inneneinrichtung war zu seiner Zeit noch verhältnismäßig schlicht. Der heutige Gründerzeitprunk mit Kunstsammlung und den zahlreichen Gobelins sowie den üppigen Holzverkleidungen wurde erst von seinem Sohn Friedrich Alfred sowie der Enkelin Bertha Krupp von Bohlen und Halbach nachträglich hinzugefügt. Dem Erbauer Alfred Krupp ging es um die Großzügigkeit der Räumlichkeiten, die das Geschäftliche mit dem Privaten verbinden sollten: Die Untere und Obere Halle, der Gartensaal und die Bibliothek gehören zu den gewaltigsten Raumschöpfungen der Gründerzeit und wären auch für einen Berliner Kaiserpalast angemessen gewesen. Kein Wunder, dass Kaiser Wilhelm II. seinem Hauptlieferanten für Kriegsgerät hier elf Mal einen Besuch abstattete! Für solche Gäste und die aufwändige Haushaltsführung hatte Krupp mehr als 400 feste Hausangestellte zur Verfügung; bis 1914 stieg die Anzahl gar auf knapp 700!

Im Technikbereich ging Krupp vielfach neue Wege, um der Umwelt seine Innovationsfreude zu demonstrieren. Ein eigenes Wasserwerk und Elektrizitätswerk gehörten genauso dazu wie das komplizierte Heizungssystem. Nicht alles funktionierte allerdings wie gewünscht, vor allem die Heizung reichte für die riesigen Räume nicht aus. Erst war eine Warmwasserheizung installiert worden, dann eine Warmluftheizung, die mit Abluftschächten wie eine Vorform der Klimaanlagen heutzutage wirkt; aber auch diese Installation blieb ein Sorgenkind des Hauses, weshalb seine Nachfahren zum Wohnen gerne auf das kleinere Logierhaus zurückgriffen.

Die Familie Krupp bewohnte die Villa bis 1945. Danach besetzten die Amerikaner das Haus. Alfried Krupp von Bohlen und Halbach musste eine Gefängnisstrafe absitzen, weil die Familie sich den Nationalsozialisten

EINGANGSDOPPELSEITE, LINKS, UND VORHERIGE DOPPELSEITE Die Innenräume der Villa Hügel haben teilweise palastartige Ausmaße. Dies gilt insbesondere für das Treppenhaus, den Gobelinsaal und die Große Halle, die mit ihrem Tonnengewölbe und den halbrunden Fenstern sogar an kaiserzeitliche römische Architektur erinnert. Nirgendwo sonst in Deutschland wird der Aufstieg eines Industriemagnaten in die erste Reihe der Gesellschaft so deutlich. Es verwundert nicht, dass sich Kaiser Wilhelm II. bei seinen Besuchen ausgesprochen wohlfühlte, und er wird wohl gar ein wenig Neid gespürt haben angesichts solchen Prunks.

GEGENÜBER Die Parkansicht der Villa Hügel, die eigentlich mehr ein veritables Schloss ist, gliedert sich deutlich in zwei Teile: Im dominierenden linken Bauteil liegt die Große Halle, deren Oberlicht das Dach überragt. Bibliothek und Gobelinsaal leiten zum Pavillon rechts über, der vor allem für die privaten Räume und die Verwaltung genutzt wurde.

angedient hatte und mehr als 20.000 Zwangsarbeiter in ihren Werken schuften ließ. Als die Villa Hügel 1952 der Familie restituiert wurde, war sie als Wohnsitz nicht mehr zeitgemäß. Seitdem ist sie immer wieder für Kunstausstellungen genutzt worden, erst vom kriegszerstörten Museum Folkwang; ab 1984 von der Kulturstiftung Ruhr. Die ehemaligen Gesellschaftsräume der Villa Hügel können besucht werden, ein angeschlossenes Museum informiert über die spannende Geschichte der Familie Krupp, die wie keine andere die Industrialisierung in Deutschland geprägt hat.

Wohnen und Arbeiten an der Ruhr

Ganz in der Nähe der Villa Hügel entstand ab 1906 in Essen-Rüttenscheid die Siedlung Margarethenhöhe, eine Stiftung von Margarethe Krupp anlässlich der Hochzeit ihrer Tochter Bertha. Georg Metzendorf, ein Mitglied des Deutschen Werkbunds, errichtete die Musterhäuser für die »Kruppianer«, wobei ein Regierungserlass ihn von allen Bauvorschriften freistellte.

Ein zentraler Ort des Erinnerns an die Montanvergangenheit des Ruhrgebiets ist die imposante Zeche Zollverein im Essener Norden, in der von 1847 bis 1986 Kohle gefördert wurde. Seit 2001 UNESCO-Welterbe, wird das weitläufige Areal für Ausstellungen, Kulturveranstaltungen und als Design-Zentrum genutzt. Tradition und Moderne sind in dem quicklebendigen Areal vorbildlich miteinander verzahnt. Das 2008 neu gestaltete Ruhr-Museum ermöglicht einen exzellenten Überblick über die Geschichte der Industrieregion.

Weltgeschichte in Westfalen

DAS ENDE DES DREISSIGJÄHRIGEN KRIEGES IN MÜNSTER UND OSNABRÜCK

Unter dem Dreißigjährigen Krieg hat man sich keineswegs dicht aufeinanderfolgende Feldzüge vorzustellen, die vom Fenstersturz von Prag 1618 bis zum Westfälischen Frieden von 1648 mit gleichbleibender Intensität geführt worden wären. Tatsächlich bestand er aus einer Reihe von militärischen Auseinandersetzungen, die mit erbarmungsloser Härte das Reichsgebiet verwüsteten. Konflikte, die als Erblast des 16. Jahrhunderts seit der Reformation bestanden, entluden sich auf schauerliche Art und Weise. Bis auf Russland, Polen und England waren alle europäischen Staaten in irgendeiner Form in die furchtbaren Kriegshandlungen verwickelt. Zuallererst war das Verhältnis der protestantisch gewordenen Reichsstände zum Kaiser zu klären. Den Protestanten eilte der protestantische König Schwedens zu Hilfe, der natürlich eigene Interessen verfolgte und eine Ausdehnung seines Hoheitsgebiets auf deutschem Territorium anstrebte, um sich endgültig als Monarch einer europäischen Großmacht zu etablieren. Im Nordwesten befanden sich die nördlichen Provinzen der Niederlande im erbitterten Freiheitskampf gegen die spanische Besatzung; Frankreich wollte seine Ostgrenze arrondieren, und schließlich kämpfte die schweizerische Eidgenossenschaft um ihre de facto bereits weitgehend vorbereitete Unabhängigkeit vom habsburgisch regierten Kaiserreich.

WESTFÄLISCHER FRIEDE VON MÜNSTER UND OSNABRÜCK

VERKÜNDET AM 15. MAI UND 24. OKTOBER 1648

RATHAUS MÜNSTER

GRUNDBAU UM 1250, ERWEITERUNG UM 1395

WIEDERAUFBAU NACH KRIEGSZERSTÖRUNG

ABGESCHLOSSEN: 30. OKTOBER 1958

RATHAUS OSNABRÜCK

BAUZEIT 1487–1512

WIEDERAUFBAU NACH KRIEGSZERSTÖRUNG ABGESCHLOSSEN

SEIT 24. OKTOBER 1948 IN BEIDEN RATHÄUSERN DIE »FRIEDENSSÄLE« MIT HISTORISCHER AUSSTATTUNG ZU BESICHTIGEN

Diese ganz unterschiedlichen historischen Konflikte wurden so gnadenlos ausgefochten, dass Europa um 1640 daniederlag und vor allem das Leid der Zivilbevölkerung unerträglich wurde. Die wechselvollen Kriegshandlungen hatten aber immerhin zur Klärung der undurchsichtigen politischen Gemengelage geführt. So mehrten sich die Bemühungen, mit einer groß angelegten Friedenskonferenz einen Abschluss der Kriegszeit zu erreichen, ohne dass es Sieger oder Verlierer geben durfte.

In Hamburg wurde bereits 1641 ein sogenannter »Präliminarfrieden« ausgehandelt, in dem die Rolle von Münster und Osnabrück sowie die Teilnehmer des dort einzuberufenden Friedenskongresses definiert wurden. Beide westfälischen Städte wurden demilitarisiert, die verhandelnden Gesandten bekamen Immunität und Freizügigkeit zugesichert. Ab 1645 gingen die Verhandlungen in Münster und Osnabrück in die entscheidende Phase. Es waren schwierige Nüsse zu knacken. Kaiser Ferdinand III. hatte sich beispielsweise bis zuletzt dagegen gewehrt, mit den protestantischen Reichsständen in Osnabrück direkt zu verhandeln. In Münster wurden in weiser Voraussicht Mediatoren eingesetzt. Dies waren Alvise Contarini, ein gewiefter Stratege und als Bürger des neutralen Venedigs unverdächtig, sowie Fabio Chigi, der spätere Papst Alexander VII.

Etwa 150 Delegationsmitglieder gingen in den beiden Städten jeweils ein und aus und führten Verhandlungen in Einzel- und Gruppengesprächen, wobei sie sich bei ihren Monarchen und Regierungen ständig rückversichern mussten, wofür Kuriere pausenlos mit ihren Geheimdepeschen quer durch Europa jagten – ein zähes Geschäft! Anfang 1648 war es so weit. Am 30. Januar wurde in Münster der erste Teilfrieden abgesegnet: Die Niederlande hatten ihre Unabhängigkeit von Spanien durchgesetzt. In Osnabrück wurde fast gleichzeitig vereinbart, dass Schweden ein Teil von Pommern sowie die Bistümer Bremen und Verden zugesprochen wurden, während Brandenburg zum Ausgleich Hinterpommern und einige Abteien und Bistümer im Westen erhielt. Es waren detailreiche Absprachen, teilweise ging es um winzige Zugewinne oder Verluste. Entscheidender waren die großen Linien, die bis zur Französischen Revolution und zur Auflösung des Reichs 1806 Bestand hatten. Die besondere Brisanz der Erweiterung der französischen Grenze Richtung Osten sollte im 19. Jahrhundert neue Sprengkraft

entfalten. Andere Beschlüsse haben bis heute Bestand: die Unabhängigkeit der Niederlande wie der Schweiz!

Nach den Zerstörungen des Zweiten Weltkriegs sind die Räume der Rathäuser von Münster und Osnabrück heute wieder in einem Zustand zu sehen, der dem Original sehr nahekommt, zumal die Ausstattung in Osnabrück im Krieg fast komplett ausgelagert werden konnte. Die epochale Bedeutung beider Orte für die europäische Geschichte war bereits früh erkannt worden. Schon 1649 malte Anselm von Hulle 37 Porträts der Gesandten für den »Friedenssaal« des Münsteraner Rathauses, die noch heute über dem schönen Gestühl an den Wänden hängen. In Osnabrück gibt es einen

fast identischen Raumeindruck. Selbst der »Goldene Hahn«, ein Prunkpokal von 1621, aus dem die Gesandten zur Begrüßung in Münster Wein tranken, ist noch erhalten. Natürlich wurden die Verhandlungen auch außerhalb der Rathäuser geführt. Dies ist allerdings heute in beiden Städten schwer nachzuvollziehen, weil die meisten Unterkünfte der Delegationen 1944 im Bombenhagel zerstört wurden. Eine Ausnahme ist in Münster das Krameramtshaus, das Gildehaus der Kaufleute, in dem die niederländischen Gesandten über Jahre logierten. Insbesondere für die Holländer gilt Münster als eine Wiege ihrer Unabhängigkeit. Insofern ist es eine Selbstverständlichkeit gewesen, dass dem Thronfolger Prinz Willem-Alexander bei seinem Besuch 1995 der Begrüßungswein aus dem »Goldenen Hahn« kredenzt wurde.

Das »Königreich Zion« der Wiedertäufer

Münster war schon deshalb ein geschickt gewählter Ort, um Friedensverhandlungen religiös unterlegter Konflikte zu führen, weil hier 1534/35 die Wiedertäufer gezeigt hatten, zu welchen Exzessen religiöser Fanatismus führen kann. Mit einer Militanz sondergleichen baute Jan van Leiden das »Königreich Zion« auf, eine fundamentalistisch-sozialistische Gewaltherrschaft unter christlichem Vorzeichen, die bereits nach gut einem Jahr mit einer Racheorgie des Münsteraner Bischofs und seiner Truppen beantwortet wurde. Die Führer der Wiedertäufer wurden im Januar 1636 mit glühenden Zangen vor dem Münsteraner Rathaus zu Tode gefoltert, ihre Leichname über Jahre am Turm von St. Lamberti nebenan zur Schau gestellt. Noch heute hängen die Eisenkäfige dort. Diese Geschichte war den Verhandlungsführern der Friedensschlüsse von 1648 auf jeden Fall präsent, und sie trug gewiss zur Mäßigung bei.

Wo war die Schlacht im Teutoburger Wald?

DAS HERMANNSDENKMAL SOWIE MUSEUM UND PARK KALKRIESE

Der Sieg des Arminius gegen drei Legionen des römischen Feldherrn Varus im Jahr 9 n. Chr. wurde früh im Sinne eines entscheidenden Moments deutscher Nationalgeschichte umgedeutet. Im 18. Jahrhundert war »Hermann« für Friedrich Gottlieb Klopstock zu einer wichtigen Person auf der Suche nach der eigenen Identität geworden. Diese Sinnsuche konkretisierte sich in den Befreiungskriegen gegen Napoleon: Arminius der Cherusker wurde zum deutschen Hermann, der die Franzosen in die Flucht schlägt. Die Zeugnisse reichen von Heinrich von Kleists Drama »Hermannsschlacht« (1808) bis zu zahlreichen Gemälden Caspar David Friedrichs aus der Zeit von 1812 bis 1814. Hermann wurde von den Romantikern zum Propheten der deutschen Einheit erklärt.

Vor diesem Hintergrund muss die obsessive Idee Ernst von Bandels gesehen werden, den Cheruskerfürsten mit einem riesigen Denkmal im Teutoburger Wald zu feiern. Während der langen Bauzeit des Denkmals von 1838 bis 1875 verschob sich der Fokus in der politischen Vereinnahmung erneut: Ging es zu Beginn um den patriotischen Revolutionär der deutschen Einheit, waren bei der Einweihung antifranzösische Töne dominierend. In der Rezeption der Hermannsfigur spiegelte sich die Feier der neu gewonnenen Einheit im Kaiserreich ebenso wider wie ein je nach politischer

SCHLACHT IM TEUTOBURGER WALD

9 N. CHR.

HERMANNSDENKMAL

BILDHAUER

ERNST VON BANDEL (1800–1876)

ERBAUUNGSZEIT

1838 (UNTERBAU), 1862–1875 (STANDFIGUR DES HERMANN)

MASSE

GESAMTHÖHE 53,46 METER, STANDBILD 26,57 METER, LÄNGE DES SCHWERTS 7,00 METER

MUSEUM UND PARK KALKRIESE

EINWEIHUNG 2002

ARCHITEKTEN

ANETTE GIGON UND MIKE GUYER

Couleur aggressiver deutsch-nationaler Unterton, der gegen alles Fremde gerichtet war. Unter dem Denkmal wurde im Kulturkampf gegen die katholische Kirche gewettert und die Sozialdemokraten als vaterlandslose Gesellen beschimpft. Die Inschrift des Schwerts lässt an Deutlichkeit kaum zu wünschen übrig: »Deutsche Einigkeit, meine Stärke. Meine Stärke, Deutschlands Macht.«

Die meisten der 500.000 Besucher, die heute das Denkmal besuchen, werden solcherart Nationalpathos eher befremdlich finden. Sie interessiert mehr die Baugeschichte, die komplizierte Herstellung der Figur, die Bandel über einem Eisengerüst aus Kupferplatten nietete, sowie Bandels kleines Häuschen, von dem aus er wie ein Besessener den Fortschritt seines Lebenswerks verfolgte. Hinzu kommt das Interesse an der schieren Größe des Monuments: Wie lang ist das Schwert oder die Hand, wie groß das Gesicht? Den Ort der Schlacht im Teutoburger Wald wird hier keiner wirklich suchen, obwohl das Denkmal immerhin in die Überreste einer altgermanischen Wallburg gesetzt wurde, die den 386 Meter hohen Aussichtsberg auf einer Fläche von 500 mal 400 Metern einst bekrönte.

Der historische Ort, wo Arminius die etwa 15.000 Legionäre in einen Hinterhalt lockte und vernichtend schlug, wird heute mehrheitlich in

Bramsche-Kalkriese gesehen, in der Nähe von Osnabrück und damit etwa hundert Kilometer vom Denkmal entfernt. Ausgrabungen der letzten Jahre haben hastig begrabene Skelette von Menschen und Maultieren ans Licht gebracht, dazu eine Vielzahl von Münzen, Zaumzeug und selbst eine ursprünglich mit Silber belegte Maske der Prunkuniform eines römischen Kavallerieoffiziers. 2002 wurde in Kalkriese ein Museum mit Freigelände eröffnet, das in zeitgemäßer Form die für den Laien wenig spektakulären Artefakte in den historischen Zusammenhang stellt. Die Architektur passt sich glänzend in die Auenlandschaft ein. Pavillons des »Sehens«, »Hörens« und »Fragens« intensivieren den Blick auf ein weit zurückliegendes Ereignis der Geschichte, das merkwürdig entrückt und durch die nationale Faszination der letzten 200 Jahre zudem unangenehm überhöht scheint. Dieser Spagat zwischen Anschauung und Suggestion eines historischen Schlüsselmoments ist in Kalkriese meisterlich bewältigt worden, zumal die Architektur wie die Präsentation vorbildlich sind und durch Sonderausstellungen noch vertieft und erweitert werden.

EINGANGSDOPPELSEITE, LINKS Der monumentale Hermann reckt sein Schwert weithin sichtbar über die Höhen des Teutoburger Waldes. Auch wenn wir über die Person des historischen Arminius sehr wenig wissen, ganz zu schweigen von seinem Aussehen, als Folie der nationalromantischen deutschen Fantasie war das Hermannsdenkmal immer gut. Heute ist das populärste der deutschen Nationaldenkmäler ein beliebtes Ausflugsziel.
GEGENÜBER Blick auf die Landschaft bei Museum und Park Kalkriese. In der Mischung aus dichtem Laubwald und Lichtungen ist diese Gegend heute ein Projektionsort, an dem man sich das Geschehen der Schlacht im Teutoburger Wald vorzustellen bemüht. Indizien sprechen dafür, eine Sicherheit für die Lokalisierung des Ereignisses gibt es nicht.

Geheimnisvolle Externsteine

Der Besuch des Hermannsdenkmals lässt sich ideal mit den Externsteinen verbinden. Kaum eine deutsche Felsformation ist so mit Mythen belegt worden wie diese Sandsteinbrocken, die in der Vorgeschichte emporgedrückt wurden und heute als Naturdenkmal alleine für sich im Wald stehen. Ausgrabungen belegen, dass hier bereits in der Steinzeit Menschen hausten. Die Vermutungen, dass es sich um ein uraltes germanisches Heiligtum handeln könnte, haben sich nicht bestätigt, ebenso wenig wie die vielen Theorien über besondere Schwingungen oder Erdstrahlen an diesem Ort, die seit 1925 immer wieder geäußert wurden und esoterisch veranlagte Menschen anziehen. Eindeutig ist der Einbau einer Kapelle im unteren Bereich durch Bischof Heinrich II. von Paderborn um 1115. Das ungewöhnliche Monumentalrelief der »Kreuzabnahme«, das um 1150 aus dem Stein gehauen wurde, ist der Hauptgrund für den Kunstinteressierten, die Externsteine aufzusuchen.

VERZEICHNIS DER ORTE

INTERNETADRESSEN MIT INFORMATIONEN ZU ANFAHRT, ÖFFNUNGSZEITEN UND BESUCHERSERVICE

WIDMUNG

Meinem Vater Wolfgang Gebhardt in Dankbarkeit

VOLKER GEBHARDT

Umschlag: Reichstagsgebäude, Berlin; Seite 2: Wittenberger Schlosskirche; Seite 4/5: East Side Gallery, Berlin; Seite 188: Bundeskanzleramt, Berlin

Abbildungsnachweis: Alle Fotografien außer den folgenden stammen von Horst und Daniel Zielske. Bildarchiv Monheim S. 28/29; Corbis images: S. 96; Picture-Alliance: S. 18 (© dpa), 21 (Lonely Planet Images), 24 (Reinhard Kungel), 26 (© dpa), 32 (akg-images), 34/35 (akg-images, Jost Schilgen), 44 (ZB), 46 (© dpa), 49 (© dpa), 52 (Hafenfotos.de), 56 (chromorange), 58 + 59 (HB Verlag), 60 (Bildagentur Huber), 62 (Eibner Pressefoto), 64 (© dpa), 65 (Eibner Pressefoto), 66 (ZB), 70 (© Ihlow, Helga Lade,), 78 (ZB), 80 (© dpa), 82 (© ZB Funkregio Ost), 84 (© dpa), 86/87 (ZB), 90 (ZB), 99 (akg-images Schuetze/Rodermann), 100 (Bildarchiv Monheim, Uwe Gaasch), 102 (akg-images, Jürgen Raible), 104 (© dpa), 105 (akg-images, Jost Schilgen), 106/107 (© dpa), 108 (Sueddeutsche Zeitung Photo), 110 (Bildagentur online, Sunny Celeste), 113 (akg-images, Schuetze/Rodermann), 114 (akg-images, Florian Profitlich), 116 (© dpa), 119 (akg-images), 120 (Klaus Rose), 122 (HB Verlag), 124/125 (HB Verlag), 128 (chromorange), 130/131 (© dpa), 134 (© dpa), 136 (Arco images GmbH), 138 (akg-images, Heiner Heine), 140/141 (akg-images, Erich Lessing), 144 (© dpa), 147 (Bildagentur Huber), 150 (© dpa), 152 (Florian Monheim, www.bildarchiv), 156 (akg-images, Hilbich), 158 (© dpa), 160/161 (© dpa), 162 (© dpa), 164 (© dpa), 166 (© dpa), 167 (© dpa), 168 (© dpa), 172/173 (Florian Monheim, www.bildarchiv), 174 (© dpa), 176 (© dpa), 181 (Bildagentur Huber), 182 (HB Verlag), 184 (HB Verlag), 186 (© dpa)

Deutsche Originalausgabe

Copyright © 2011 von dem Knesebeck GmbH & Co. Verlag KG, München

Ein Unternehmen der La Martinière Groupe

Gestaltungskonzept: Büro Sieveking, München

Gestaltung und Satz: Knesebeck Verlag, Leonore Höfer

Umschlaggestaltung: Groothius, Lohfert, Consorten | glcons.de

Lithografie: Reproline Genceller, München

Druck: Firmengruppe APPL, aprinta druck, Wemding

Printed in Germany

ISBN 978-3-86873-348-8

Alle Rechte vorbehalten, auch auszugsweise.

www.knesebeck-verlag.de